정맥산업 속의 재일동포의 존재

소중한 이웃

유정수

박영사

프롤로그

 사람들은 다양한 기회와 경제적인 이익을 얻고, 편리함과 쾌적함을 누리기 위해서 대도시로 모여드는데, 도시 속의 일상생활과 경제활동을 영위하려면 반드시 대량의 쓰레기(폐기물)를 배출하게 된다. 일반적으로 '쓰레기(폐기물)'는 더러운 것, 필요없는 것, 가치가 없는 것, 위험하거나 유해한 것 등 네거티브한 이미지를 가지고 있다.

 1957년에 개설된 일본 동경의 「꿈의 섬(유메노시마)」은 쓰레기매립장으로 유명하지만, 꿈이라는 이름과는 달리, 파리의 천국이라고 불릴 정도로 심각한 환경오염을 일으켰다. 엄청나게 발생한 파리들을 구제하기 위해서 일본의 자위대까지 동원했다는 기록이 남아 있으니, 도시 외곽에 안이하게 쓰레기를 매립하려고 했던 것이 얼마나 무모하고 헛된 꿈이었으며, 이로 인해 상상도 못할 심각한 사회 문제를 야기해 버렸는지 알 수 있다.[1] 게다가 일본의 고도경제성장기에는 동경 23구로부터 발생하는 쓰레기배출량이 폭발적으로 증가하는 바람에, 매립지 주변의 환경을 급격

---

1) 동경 23구 청소일부사무조합, https://www.union.tokyo23−seisou.lg.jp/

히 악화시켰고, 쓰레기 운반차량의 증가는 주변의 교통정체를 유발했으며, 심한 악취와 먼지 발생으로 주변 주민들의 건강과 생활환경을 악화시켰다. 예를 들면, 동경 스기나미구(杉並区)의 쓰레기 소각장(청소공장)의 건설반대운동이 날로 격해지면서 스기나미구의 쓰레기를 코토구(江東区)에 반입하려고 했지만, 코토구민들이 이를 강력하게 저지하는 사태로 발전했다.[2] 이 사건이 소위 「동경 쓰레기전쟁」인 것이다.

일본은 고도경제성장기와 버블경제기를 거치면서, 쓰레기는 위생처리시대에서 자원재활용시대로 돌입하게 되는데, 현재는 국내의 자원순환 뿐만 아니라 국제적인 자원순환도 활발하다. 또한 최근의 폐플라스틱 해양오염문제, 중국의 폐기물자원 수입금지에서도 알 수 있듯이, 폐기물처리와 자원순환은 국제적인 합의와 협력이 필요한 지구환경문제가 됐다.

이제는 다양한 쓰레기를 폐기물이 아닌, 자원 및 유가물로서 취급하는데, 물건이나 원료를 제조하는 제조업을 「동맥산업」, 폐기물을 적정하게 처리해서, 가공, 재자원화하고 무해화하는 산업을 「정맥산업」이라고 부르게 됐다. 자연에서 채취한 천연자원을 가공해서 유용한 재화를 생산하는 제반산업을 동맥산업이라고 칭하는 것과는 반대로, 정맥산업은 이들 동맥산업뿐만 아니라 모든 사회, 경제활동으로부터 배출되는 불용품 및 폐기물들을 모아서, 이것들을 사회전체와 자연의 물질순환과정에 재투입하기

---

2) 石井明男(2006) "東京ごみ戦争はなぜ起こったのか―その一考察―", 廃棄物学会誌, 第17巻 6号, pp. 340−348.

위한 산업을 말한다.

　대표적인 정맥산업은 리싸이클(재활용)산업인데, 거래형태에 따라서, (1) 개별 리싸이클법에 의해서 재활용 시스템이 구축되어 있는 것(용기포장, 가전, 자동차, 소형가전 등), (2) 기본적으로 유가물로서 폐기된 제품 등이 재생자원으로서 이용되는 것(종이, 의류, 금속, 병 등), (3) 역유상(逆有償)으로 폐기된 제품 등이 재생자원으로서 이용되는 것(소각재의 시멘트 원료화, 폐플라스틱의 고로(高爐) 원료화 등), (4) 폐기 제품에서 회수된 부품이 재생부품으로서 이용되는 것(복사기, 일회용 필름 사진기 등)(2014년 5월 개정) 등으로 분류할 수 있다.[3]

　필자는 1993년에 일본에 온 후, 약 27년에 걸쳐서 폐기물관리와 리싸이클에 관한 연구를 하고 있다. 1990년대 초반은 독일이나 프랑스가 용기포장재활용에 관한 법제도를 정비하기 시작한 시기였는데, 그 당시 우리나라에서는 폐기물을 연구분야로서 취급하는 대학이 거의 없었다. 다시 말하면, 도시의 환경문제를 해결하기 위해 가장 중요한 문제 중에 하나였지만, 학문적으로 큰 관심을 받지 못했던 것이다. 역으로 생각하면 반드시 해결해야 하는 과제였고, 그만큼 다양하고 큰 잠재력을 가진 유망한 연구분야였던 것이다. 하지만, 필자가 일본유학을 결심하고 지도교수님께 추천장 작성을 부탁하러 갔을 때, 교수님은 정반대의 말씀을 하셨다. 같은 대학의 대선배로, 유학을 가려고 했던 대학에서 박사학위를 받고 귀국해서 모교의 교수님이 된 분, 그야말로 대학재학 중에는 동경의 대상이었던 교수님은 "이런 장래성 없는 연구를 일본까지 가서 한다는 것은 절대로 용납할 수 없다",

---

3) 일반재단법인 환경이노베이션 정보기구(EIC네트), http://www.eic.or.jp/

"아무도 주목하지 않는 연구를 해서 성공한다는 보장이 없다"라는 말씀을 하셔서, 정말 큰 좌절을 맛 본 기억이 있다. 당시에 지도교수님이 왜 그렇게까지 반대를 하셨는지 지금도 의문이지만, 결국, 나는 지도교수님의 추천장을 받지 못했다. 생각해보면, 당시 우리나라에서 폐기물문제가 어떻게 인식되고 있었는지를 알수 있는 에피소드라고 할 수 있다.

한편, 1990년대 중반부터는 일본뿐만 아니라, 우리나라에서도 폐기물연구가 주목을 받으면서, 관련분야의 연구가 체계적으로 이루어지기 시작했다. 2000년대에 들어서면서 폐기물처리와 리싸이클에 관한 연구도 중요한 학술분야로서 자리잡게 되었는데, 당시는 일본에서도 전문가가 부족할 정도였다. 그 후에 폐기물문제는 단순히 쓰레기처리와 리싸이클뿐만 아니라, 사회, 경제, 정치, 지구환경문제로서 주목을 받게 되었고, 필자의 연구관심과 테마는 더 다양한 분야로 넓어지게 되었다. 실제로 이 책은 한일관계나 재일동포의 삶, 폐기물처리와 리싸이클의 역사 뿐만 아니라 사회학, 문화인류학, 경제학, 경영학, 환경과학, 폐기물리싸이클공학, 재해과학, 환경정책학, 지속가능성과학, 국제관계, 국제협력 등의 분야의 내용을 폭넓게 다루고 있다.

필자가 재일동포와 정맥산업의 관계에 대해서 관심을 가지기 시작한 것은, 일본에 온 지 10년 이상이 지난 2005년경이었다. 이때, 일본의 자동차리싸이클법이 시행되면서, 각 지방에는 대규모 자동차리싸이클공장이 건설되었다. 하루는 필자가 살고 있는 일본 동북지역에 대규모 자동차리싸이클공장이 준공되었다는 소식을 듣고, 전화로 방문 약속을 한 후 같은 대학의 교수와 대학원생들을 데리고 공장견학을 갔었다. 아주 깨끗한 리싸이클

시설로, 최신설비와 중기가 도입된 최신식 공장이었다. 매우 인상적이었던 것은, 이 리싸이클공장은 더럽고 위험하다는 이미지를 불식시킬 만큼 철저한 공장관리를 하고 있었다는 점이다. 그런데 며칠 후, 그 공장의 공장장으로부터 한 통의 전화가 걸려왔다. 그는 사실 자기는 재일동포인데, 할아버지 때부터 쭉 폐기물처리와 리싸이클업을 해 왔다는 것이다. 게다가 전국의 대형 리싸이클업자 중에는 재일동포가 많다는 사실도 알려주었다. 그는 내가 유학생으로서 일본에 와서 대학교수가 된 것, 한국 사람이면서 일본의 대학에서 폐기물을 연구하고 있다는 것이 아주 기쁘다고 했다. 실은 이 전화 한 통으로 필자가 일본의 정맥산업과 재일동포의 관계에 관심을 가지게 되었다고 해도 과언이 아니다. 일본의 정맥산업 속에 재일동포가 많다는 것도 놀랄 만한 일이었지만, 이 시기부터는 왜 재일동포가 일본의 정맥산업에 종사하게 됐는지, 정맥산업에 종사하지 않으면 안 되는 이유는 무엇이었는지, 그리고 정맥산업 안에서 이렇게까지 존재감을 나타낼 수 있었던 원동력은 무엇인지 등에 대해서 강한 호기심이 발동했다.

어쨌든 필자가 한국인 연구자라는 것은 현장중심의 폐기물리싸이클연구를 하는 데 있어서, 플러스 요인이었다고 생각된다. 공장견학이나 각종 데이터수집, 현장에서의 실험, 필드워크나 대학원수업, 학회개최 등 재일동포회사들은 항상 필자의 연구, 교육에 협조적이었고, 다양한 제안을 흔쾌히 받아들여 주었다. 생각해보면, 토호쿠대학(東北大學)에서 교편을 잡은 이후, 내 자신의 폐기물리싸이클연구, 사회공헌활동을 든든하게 지원해준 것은 일본의 정맥산업이었고, 그 중에도 특히 재일동포기업의 도움이 매우 컸다. 이 책은 일본의 정맥산업 속에서도 중심적인 역할을 하고 있는 재일동포기업은 물론 일본의 정맥산업에 은혜를 갚고자 하는 의미가 있다. 최근 한일관계가 악화되고 있는 가운데, 역사, 사회, 정치, 경제, 환경, 문화 등 모든 분야에 있어서 서로의 특별한 관계를, 정맥산업이라고 하는 특수한 분야의 역사, 그들의 귀중한 경험과 교훈으로부터 서로를 이해하고, 한일 양국이 소중한 이웃이라는 인식이 싹트게 되는 계기가 됐으면 한다.

Contents

차　례

제1장
일자리를 찾아서

　한반도에서 일본열도로 온 도래인(渡来人)이라고 불리는 사람들의 흔적이 발견된 것이 3, 4세기였다고 하니까, 한일 간의 인적교류의 역사는 굉장히 길다고 할 수 있다. 카메다(2018)에 의하면, 서일본의 대부분의 지역에는 5세기경에 주로 한반도로부터 수많은 도래인이 일본으로 넘어왔는데, 서일본 각 지역의 호족들은 이들의 기술·정보·지식 등을 받아들였다고 한다. 그리고 이들은 각 지역의 발전이나 왕권까지 관여를 한 것으로 보여지는데, 이 시대의 도래인들이 일본 각지에서 다양하고 중요한 영향을 미쳤고, 중심계층을 형성하고 있었다는 점에 주목할 필요가 있다.[1]

　실제로 우리나라 사람들이 일본에 이주하기 시작한 것은 19세기 말이었다. 제1기의 이주는 메이지(明治) 초기(1897년경)부터 1910년까지로 한일국교가 맺어진 강화도조약(조일수호조규; 朝日修好条規)의 체결부터 한일합방에 이르기까지의 시기다. 제2기는

---

1) 亀田 修一(2018) "古墳時代の渡来人－西日本－", 「専修大学古代東ユーラシア研究センター年報」, 第4号, pp.43－59.

한일합방으로부터 1939년(전쟁 시작 전)까지로 구직을 위한 집단 이주기라고 할 수 있다. 제3기는 1939년부터 1945년까지가 전쟁 중의 강제연행시기로, 제4기는 일본 패전 후 「샌프란스스코 강화조약」의 발효(1952년)까지의 시기다. 일본에서 재일교포의 지위는 1952년 4월 28일의 외국인등록법 공포 및 즉일 시행으로 새로운 국면을 맞이하게 된다. 외국인등록법의 제정은 「포츠담선언의 수락에 따른 정령발효의 건」의 폐지와 그에 따른 대일평화조약(샌프란스스코 강화조약)의 발효일이었다.[2] 그리고 제5기는 1952년부터 현재까지로 구분된다.[3] 단, 2018년 3월 8일에 발표된 일본 후생노동성과 법무성의 자료에 의하면, 일본에서 취직한 한국사람(기술·인문지식·국제업무의 비자발행을 기준)이 2017년에는 21,088명에 달해, 사상 처음으로 2만명을 넘었다고 발표했다.[4] 매년 1% 전후로 증가하고 있던 일본국내의 한국인 취업자수는 2015년부터 급속하게 증가해서, 최근에는 급성장을 거듭하고 있다. 일본에서 취직하려는 한국인 구직자수는 일본패전 후 최대규모로, 2015년 이후를 제6기로 정의할 수도 있을 것이다.

역사적으로 중요한 이주는 한일합방으로부터 해방까지의 시기로, 제1기의 이주 인구는 970명에 불과했다. 그리고 『일본제국통계연감』에 의하면, 제1기 이전(1882~1896년)의 체류자는 수십 명 정도였다(1882년 4명, 1883년 16명).[5] 즉, 이 시기는 이주가 제

2) 竹中 理香(2015) "戦後日本における外国人政策と 在日コリアンの社会運動", 「川崎医療福祉学会誌」, Vol. 24, No.2, pp.129－145.
3) 小林 孝行(1980) "「在日朝鮮人問題」についての基礎的考察, 「ソシオロジ」, 24巻3号, 社会学研究会, pp.37－55.
4) 西日本新聞, 「韓国就職難゛若者は日本へ」, 2018년 12월 28일자
5) 文京洙·水野直樹(2015) 『在日韓国人』, 岩波新書, p.2로부터 재인용

표 1-1 일본 이주와 구직의 관계(시기 구분)

구분	시기	구직과 이주의 관계
제1기	1800년대 말~1910년(한일합병 전)	중국인 노동자 대체, 일손 부족, 소규모 이주
제2기	1910년~1939년(집단이주)	대규모 탄광과 공장 현장 등의 구인, 집단 이주 개시
제3기	1939년~1945년(강제이주)	탄광, 조선소, 제련소, 건설 현장 등, 강제 연행, 대규모 이주
제4기	1945년~1952년(정주개시)	재일 한국인의 정주 개시(귀국곤란)
제5기	1952년~2015년(정주)	일본인과 다름없는 외국인으로서 정주
제6기	2015년~	우리나라의 취직난으로 인한 일본의 취직 활동 증가, 수만 명 단위의 대규모 이주?

한적이었고, 유학생과 정부관료, 무역관계자가 중심이었다고 할 수 있다.

1. 한국인 노동자모집(제1기 : 1897년~1910년)

제1기가 시작된 1897년에 일본에 온 한국인은 155명으로 급증했지만, 이것은 한국 정부가 게이오(慶應)대학에 유학생을 파견(100명 이상)한 것과 고려인삼의 거래와 행상을 위한 도래인이 늘어난 것이 원인이었다. 그리고 같은 해에 처음으로 한국인 노동자가 일본에 들어왔다. 큐슈 탄광지대의 노동자가 부족해지자, 사가(佐賀)현 니시마츠우라(西松浦)군의 쵸자(長者)탄광지대의 경영자가 한국인 노동자를 모집한 것이다. 처음에는 약 300명의 노동자가 탄광에서 일했지만, 1년도 채 지나기 전에 상당수의 노동자가 도망쳤다고 한다. 한국인 노동자는 근면하고 유능하다는 평가를 받았지만, 임금체불, 가혹한 노동조건(외출제한, 장기간 노동) 등이 원인으로 직장을 떠나는 사람이 속출했으니, 이를 정상

적인 고용이라고 보기는 어려웠다.[6]

당시는 탄광에 고용된 사람 이외에도, 철도공사나 발전소건설현장의 노동자모집도 있었다. 1899년에 착공 된 가고시마선(鹿児島線) 철도공사는 위험한 난공사구간이 많았는데, 처음에는 다수의 중국인 노동자가 공사현장에서 일하고 있었지만, 중국인의 강제퇴거·송환명령이 내려지면서, 이들을 대체하기 위해 한국인 노동자들이 투입되었다. 한일합방 전에 가고시마나(鹿児島), 쿠마모토(熊本)에는 약 500명의 한국인 노동자가 있었는데, 산인본선(山陰本線), 교토(京都)의 탄바(丹波)지방, 효고(兵庫)현의 일본해안공사, 우지가와(宇治川) 수력발전소공사, 이코마(生駒) 터널공사 등 대규모 토목공사에 투입되고 있었다. 한국 국내의 철도공사에서 하청공사의 경험이 있었던 한국인 노동자는 「인내심이 강하다」, 「근면하다」라는 평판을 들었지만, 점점 열악한 노동환경과 임금체불에 불만을 표출하기 시작해서, 나중에는 「난폭하다」는 인식이 생겼다고 한다.[7]

이번에 인터뷰를 실시한 회사 중에도 한일합방 전에 일자리를 찾아서 일본에 온 후, 탄광이나 도로건설, 조선소 등에서 일을 했다는 답변도 있었다. 단, 지금은 재일동포 1세가 사망한 경우가 대부분으로, 2세, 3세의 기억이 명확하지 않아서, 인터뷰 내용만으로는 그들이 일본 기업에서 일을 시작한 것이 제1기인지, 제2기인지, 또는 제3기에 해당하는 지를 정확하게 판단할 수 없었기 때문에, 필자가 인터뷰내용에 근거해서 역사적인 사실,

---

6) 文京洙·水野直樹(2015) 『在日韓国人』, 岩波新書, pp.3－4.

7) 상동, (2015), pp.4－8.

각종 선행연구를 비교분석한 후 전후사실을 정리했다. 어쨌든 이 시기에 일본에 온 한국인 노동자들에게는 강제징용이라는 인식은 없었고, 스스로 직장을 찾아서 일본에 왔다고 할 수 있다. 그러나 가혹한 노동환경에 불만을 품고, 바로 직장을 그만두거나 도망가는 사람들이 많았다. 이직 후에 다른 회사에 취직을 한 사람도 있지만, 스스로 고물상과 같은 자영업을 시작해서 나중에 큰 폐기물리싸이클기업으로 성장한 경우도 있다. 실제로 큐슈의 탄광에서 도망친 후, 여러 직장을 떠돌다가 일본 전국 각지에 정착해서 그 지역의 고철수집상이나 고물상을 시작한 후에 종합리싸이클업체로 성장한 기업이 많다는 것은 매우 흥미로운 일이다. 서일본의 큰 탄광이나 공사현장에서 도망친 한국인 노동자들은 탄광주변이나 가까운 지역에 정착하지 않고, 도망친 사실을 들킬까봐 되도록 탄광에서 먼 지역으로 이동해서 안심할 수 있는 곳에서 새로운 생활터전을 마련하려고 했던 것 같다.

한편, 인터뷰를 한 회사들 중에는 놀랍게도 1920년대에 창업한 곳이 한군데 있었다. 이렇게 일찍 고물상을 설립했다는 것은 제1기에 도일한 한국 사람이라는 얘기다. 다시 말하면, 1890년대 초에 일자리를 찾아서 도일한 후에, 직접 폐품수집회사를 설립했다는 것을 알 수 있다. 이처럼 한일합병 전에 직장을 찾아서 일본에 온 한국인들은 처음엔 취직한 직장의 가혹한 노동환경과 저임금으로 고생을 했지만, 당시는 맘만 먹으면 회사를 그만두고 자유롭게 폐품회수나 고철수집업을 하면서 생활할 수 있는 상황이었다는 것을 짐작할 수 있다. 또한 당시, 일본 국내의 일손부족이, 그들이 일본에 남을 수 있는 조건을 충족시켜 주었다고 생각된다.

2. 빈곤탈출(제2기 : 1910년~1939년)

제2기도 우리나라사람들이 일을 찾아서 일본에 온 것은 사실이지만, 한일합병에 의해서 사회·경제상황이 크게 바뀌면서, 제1기하고는 구직의 의미가 달라진다. 1910년의 한일합방 후에는 집단구인이 증가하게 되는데, 나중에 특정지역에 재일동포사회가 형성되면서, 1922년 이후부터 현재에 이르기까지 오사카는 일본 최대의 재일동포거주지로 알려져 있다.[8]

이 시기의 이주는 조선총독부에 의한 「토지조사사업」, 그리고 「산업증식정책」에 의해 우리나라의 농촌이 붕괴되는 과정에서 생긴 여잉노동력의 한반도 유출이었다. 이 이주는 일본뿐만 아니라, 중국의 간도지방으로도 행해졌다.[9] 우리나라의 국정고교역사교과서에는 일본은 「토지조사사업」이라는 명목으로 농민으로부터 토지를 빼앗았는데, 일본에 약탈된 토지를 다 합치면 「전국토의 40%에 달한다」라고 쓰여 있다. 한편, 실제로 조선시대는 토지소유권의 개념자체가 명확하지 않았던 탓에, 토지와 관련된 싸움이 끊이질 않았기 때문에, 전국의 토지조사를 통해서 소유자를 확정했다.[10] 이 과정에서 소유권분쟁이 격화되면서 토지를 잃게 된 사람들이 속출했고, 결과적으로 오랫동안 소작농으로 생활해왔던 농민들이 한꺼번에 직업을 잃으면서 가장 큰 피해를

---

8) 藤永壯(2011) "在日縫製女工の労働と生活－大阪地域を中心に－", 『済州女性史Ⅱ』, 済州発展研究院, pp.418－420.

9) 小林 孝行(1980) "「在日朝鮮人問題」についての基礎的考察, 「ソシオロジ」, 24巻3号, 社会学研究会, pp.39－40.

10) 松木國俊(2015) "日韓併合時代の実像", 「策略に！翻弄された近現代誇れる国, 日本〔Ⅷ〕」, 公益財団法人アパ日本再興財団, pp.84－89.

입게 된다. 또한, 조선총독부는 「산미증시계획(産米增殖計画)」을
일본의 식량 및 쌀값 정책의 근본적인 해결책과 식민지지배체제
의 유지정책으로 책정했다. 즉, 조선총독부는 이 계획을 통해서
장기적으로는 한국의 식량부족과 쌀값폭등에 대비하고, 식민지
지배를 위해서 상류사회를 구성하는 한국의 지주계층을 경제적
으로 일본과 연계시키면서 식민지 지배체제를 견고하게 유지하
려고 했다[11]. 결국, 이 정책도 사회적 약자이며, 토지를 소유하
지 못 했던 대다수의 농민들을 괴롭히는 결과를 낳았다.

이 시기에 일본에 온 우리나라사람들이 얼마나 많았는지는 당
시의 연령별 인구구성을 보면 잘 알 수 있다(그림1-1). 1920~1930
년대의 인구구성은 15~45세까지의 남성(청·장년)의 비율이 아주
높아서, 당시 우리나라에서 일본으로 이주한 사람들이 젊은 남자
중심이었다는 것을 금방 알 수 있다. 소위, 「돈벌이 이주형」의

그림 1-1 재일동포의 연령별 남녀 인구구성[12]

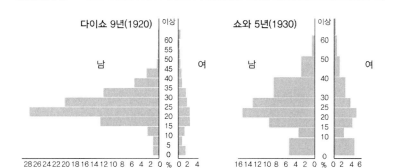

11) 近藤郁子(2000)『産米增殖計画期の日本と朝鮮』, 立命館大学経済学部卒業
論文, p.1.
12) 法務省入国環境局編(1954)『出入国管理とその実態』, p.90. 및 (1976)『出
入国管理』, p.108.; 小林 孝行(1980) "「在日朝鮮人問題」についての基礎的
考察, 「ソシオロジ」, 24巻3号, 社会学研究会에서 재인용

인구구성을 보여주고 있었다고 할 수 있다.

　결과적으로 한국 내에서 농사를 계속 지을 수 없게 된 농민들은 국내에서 취직하는 것을 포기하고, 일자리를 찾아서 스스로 일본행을 택한 것이다. 일본의 대기업(철강, 제련, 조선, 탄광, 건설현장 등)의 사원 모집으로 일본에 온 사람도 있지만, 이미 일본에서 살고 있던 친척이나 지인을 찾아 온 사람도 있었고, 밀항이라는 불법적인 방법을 선택한 사람도 있었다.

　이번에 인터뷰에 응해준 기업 중에도 선조가 이러한 루트로 일본에 왔다는 곳이 적지 않았다. 회사의 창립시기가 주로 1930년대인 회사는 제2기에 일본에 왔다고 볼 수 있다. 특히 관서(関西)나 큐슈(九州)의 철공소, 조선소, 탄광 등에 취직한 사람들도 많아서, 효고(兵庫)나 고베(神戶) 등에 한국인 부락이 생긴 것도 이런 이주들이 계기가 되었다. 당시는 이들 지역에 너무나 한국사람이 많았던 탓에, 오히려 일본사람들이 차별을 느꼈다고 할 정도였는데, 한국인커뮤니티의 형성은 일본 패전 후, 민단이나 총련설립의 기반이 되었다. 그러나 일본으로 온 이주자들은 전체적으로 일본 자본주의의 밑바닥을 지지하는 산업예비군 또는 하층노동자로서, 일본인 노동자에 비해 싼 임금으로 고용되거나, 회사가 어려워지면 맨 처음에 해고대상이 되는 등, 빈곤과 차별을 참아야만 하는 생활을 할 수밖에 없었다.[13]

---

13) 小林 孝行(1980) "「在日朝鮮人問題」についての基礎的考察, 「ソシオロジ」, 24巻3号, 社会学研究会, p.39.

3. 강제연행(제3기 : 1939년~1945년)

이 시기는 일본의 노동력 총동원정책에 의해서 한국인 노동자의 강제연행을 한 시기로, 당시 징용된 사람들은 약 585만명(한국 내 약 485만 명, 일본 이주자 약 100만 명)에 달했다고 한다.[14] 강제연행에 의해 재일한국인의 숫자도 매년 급증해서, 1944년에는 약 200만 명을 넘었다.

문화인류학적인 시점으로, 이 시기에 연행된 사람들의 기록을 남긴 경우가 많은데, 제3기의 이주자들은 제2기보다 훨씬 더 가혹한 생활환경이었을 것이라고 짐작된다. 일반적으로 강제연행 된 사람들도 제2기의 이주자들과 마찬가지로 전국의 탄광, 비행장, 조선소, 제련소, 채석장 등에 끌려간 경우가 많았다. 제2기에는 한국의 남부지방이 「토지조사사업」의 영향을 많이 받았던 탓에, 주로 경상도, 전라도에서 일본으로 이주했다는 기록이 많은데, 실제로 강제연행은 전국에서 이루어졌다고 한다. 예를 들어 『재일1세의 기록』에는 1920년 전후에 태어난(당시 20세 전후) 젊은이들의 인터뷰 기록이 많았는데, 출신지역은 경기도, 전라도, 경상도, 평안도, 황해도 등 전국 각지의 출신이었다. 또한 연행된 장소도 홋카이도(北海道)의 탄광, 사가현(佐賀県)의 조선소, 시모노세키(下関)의 제련소 등 주로 노동환경이 열악하고 위험한 장소에서 혹사당했다는 것을 알 수 있다. 강제연행된 사람들 중에는 각 현장에서 도망친 후, 일본이 패전할 때까지 살아남은 사람도 있었지만, 많은 사람들이 도망치지 못한 채 작업 중에 사망했다. 결국 마지막까지 살아남은 사람들은 일본 패전 후에 귀국

---

14) 社会実情データ図録, https://honkawa2.sakura.ne.jp/

했거나 일본에서 정주하는 길을 택하게 된다.[15] 한국에 돌아가
지 않고 일본에 남은 사람들은 이미 일본에서 정착한 재일동포
의 회사에서 일을 하거나, 경제적인 도움을 받았다는 것을 알 수
있다. 그리고 강제연행 장소에서 탈주한 사람들도 일정 기간은
재일동포, 또는 생면부지의 일본인의 도움을 받지만, 점차 자립
을 해서 고철상, 고물상, 고서판매, 폐지수집 등을 시작했는데,
이것이 전후의 재일정맥산업의 토대가 되었다.

　이번 인터뷰에서 선대가 강제연행으로 일본에 왔다고 대답
한 회사는 3곳이었는데, 큐슈와 아키타현의 탄광에 연행된 경험
이 있다고 했다. 우선 큐슈의 탄광에 연행되었다고 대답한 두 곳
은 같이 있던 노동자들이 사고나 병으로 계속 죽는 것을 보고,
탈주를 결심한 경우다. 탈주 도중에 죽거나 잡혀와서 혹독한 벌
을 받는 것을 목격했지만, 여기서 죽는 것이나 도망가다가 죽는
것이나 죽기는 마찬가지라는 생각으로 무조건 도망치기로 결심
했다고 한다. 도망친다고 해도 갈 곳이 있는 것도 아니었지만,
한밤중에 분뇨가 가득히 쌓인 화장실을 통해서 필사적인 탈주를
감행했다. 주변 시냇가에서 대충 몸을 씻은 후, 조금이라도 탄광
에서 멀리 떨어진 곳으로 가겠다는 일념으로 눈에 안 띄게 깊은
산을 하염없이 걸어서 도착한 곳은 오사카나 나고야 등의 대도
시였다. 당시 오사카나 나고야에는 이미 일본에 정착한 한국 사
람들이 있었다. 이미 정주를 하고 있었던 한국 사람들은 식당을
하거나 작은 무역상, 토건업 등을 하고 있었는데, 탄광에서 도망

---

15) 小熊 英二・姜 尚中(2008) 『在日一世の記憶』, 集英社新書, 全781頁

친 고국 사람들을 불쌍하게 여겨서, 눈에 안 띄도록 보호하고 도
와준 것이다. 실은 그 당시 일본에 살던 한국 사람들뿐만 아니라
일본인들도, 그들이 강제연행으로부터 도망친 사람들이라는 것
을 알았지만 경찰에 통보를 하지는 않았다고 한다. 반대로 아무
것도 묻지 않은 채, 며칠이나 밥을 주고 잠을 재워주는 경우가
많았는데, 도망자들은 혹시 밀고로 경찰에 잡히지 않을까 하는
불안감에 큐슈에서 가장 멀리 떨어진 동북지방을 향해서 도주를
계속했다고 한다. 하지만 서일본에서 동북지방까지의 거리는
1,000킬로미터가 족히 넘는 거리이기 때문에, 몇 번이나 생활거
점을 바꾸면서 최종 정주지에 도달할 수밖에 없었다. 인구가 적
고 산이 많은 동북지방이라면 사람들 눈에 띄지 않을 테고, 넓은
토지와 풍요로운 자연의 혜택을 누리면서 먹을 것을 걱정하지
않을 것이라는 상상, 그리고 열심히 일하면 새로운 기회가 찾아
오리라는 기대를 품고, 무작정 리어카 한 대를 마련해 가지고 고
물상, 폐품회수업을 시작한 것이다. 전혀 차별을 받지 않았다고
는 할 수 없지만, 당시는 모두 하려고 하지 않았던 일임에도 불
구하고, 근면하고 성실하게 일하는 한국 사람들은 지역주민에게
신뢰받는 존재가 되었고, 이러한 노력과 신뢰관계가 전국을 대표
하는 대형폐기물리싸이클기업으로서 성장하는 원동력이었다고
할 수 있다.

　할아버지가 동북지방의 한 탄광에 연행됐다고 대답한 회사
의 사장은, 일본이 패전한 후에도 그대로 일본에 정착한 경우로,
아마도 할아버지는 강제연행된 사람들을 관리하는 역할을 하고
있었던 것으로 생각된다. 『재일1세의 기억』에는 조선소 반장이

탈주를 권하거나 도와줬다는 기록도 있어서,[16] 관리직에 있었던
사람들 중에는 배려심이 있고 조국 사람들을 도와준 사람도 많
았다고 한다. 아무튼 이 회사는 일본 패전 후에도 일본인들과의
인맥을 이용해서 고물상 이외에도 운송업, 자동차정비업, 고급수
입차판매업 등을 해서 지역밀착형기업으로 성장했다. 지금은 3
대째 사장이 세운 폐기물리싸이클회사가 이 지역을 대표하는 기
업으로 성장했다.

4. 재일 정맥산업의 태동

　　1890년대부터 1938년까지의 시기에 일을 찾아서 일본에 온
한국인들과 1939년부터 일본패전까지 강제연행으로 일본에 이주
한 한국인들을 구분할 필요가 있다. 일본이 패전한 후에도 귀국
하지 않은 한국인들이 폐품수집을 시작했고, 그 후에 이런 사람
들이 큰 리싸이클회사를 설립했다는 설이 있지만, 실제로는 강제
연행 이전에도 폐품회수업으로 회사를 설립한 곳이 있었고, 특히
이런 기업들은 그 지역을 대표하는 종합리싸이클업자로 성장한
경우가 많다. 각 지역의 대기업에서 일본인들과 함께 일했던 한
국인들은, 일본 패전 후에 다니던 회사를 퇴직해서 천한 직업으
로 여겨 왔던 폐품회수와 폐기물처리업을 해 왔지만, 인내력과
근면함을 무기로 지역밀착형기업으로 지역주민들에게 사랑받는
존재가 되었다. 다시 말하면, 강제연행기 이전에 일자리를 찾아
서 일본에 온 한국인들이 설립한 리싸이클회사는, 패전 후에 설
립한 회사와는 성장배경이 다르다고 할 수 있다.

---

16) 小熊 英二・姜 尚中(2008)『在日一世の記憶』, 集英社新書, pp.360-376.

4.1 재일 정맥산업의 조사개요

우선 이번에 조사대상으로 선정한 재일 폐기물리싸이클회사들의 개요와 특징을 정리해두고자 한다. 이 책을 집필하기 위해서 재일동포가 경영하는 회사의 소개와 폐기물 관련의 협회, 재단으로부터 정보를 수집한 후, 전국의 대형 폐기물리싸이클업체의 리스트를 만들었다. 이 리스트를 중심으로 지역균형을 고려해서 조사대상을 16군데로 좁혔다. 이들 16사에 메일이나 전화로 연락을 했는데, 이 중 3곳은 아무런 답변을 받지 못했고, 2사는 재일교포라는 사실을 공표하고 싶지 않다는 이유로 취재거부(회사명을 특정하지 못하도록 하겠다고 약속을 했으나, 사원들과 투자자들을 배려한다는 입장에서 역시 취재곤란을 표명), 그리고 한 곳은 재일동포라는 사실을 확인한 후(출판조성재단 사무국소개), 직접 면담까지 했으나, 재일교포라는 사실을 끝까지 부정했다. 나머지 10군데는 인터뷰를 할 수 있었지만, 적극적으로 취재의 응해준 회사는 8군데였다. 참고로 취재에 응해준 회사의 창업자들의 출신지는 대부분이 경상북도와 경상남도였고, 한 곳만이 충청남도 출신이었다. 한일간의 역사로 봐도, 일본은 한국 남부지방과의 교류가 활발했었다고 할 수 있는데, 조선총독부가 실시한 「토지조사사업」, 「산미증식사업」에 의해, 농촌의 사회적, 경제적 질서가 붕괴되면서 가난한 소작민들의 삶의 터전이 없어졌기 때문에, 우리나라의 농촌, 특히 한반도 남부에는 빈털터리가 된 빈민이 속출했다.[17] 일본과의 거리가 가깝다는 게 영향을 끼쳤을지도 모르지만, 같은

---

17) 金 正柱(1970) 『朝鮮統治史料』, 韓国史料研究所, 金 正根(1971) "在日朝鮮人の人口学的研究", 「民族衛生」, 日本民族衛生学会, pp.133-134.에서 재인용

그림 1-2   회사 설립시기의 분포

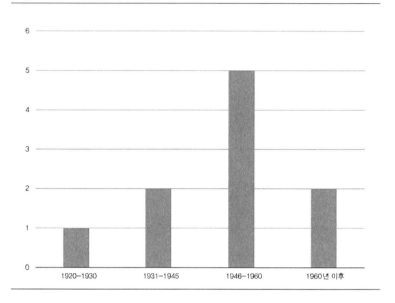

남부라도 전라도보다는 경상도출신이 많다는 사실도 흥미롭다.

4.1.1 회사의 설립시기

전술한 것처럼, 회사의 창립연도를 보면 대략 일본으로 이주한 시기를 추측할 수 있다. 조사대상의 약 30%는 전쟁이 시작되기 전에 설립했기 때문에 강제연행시기가 아닌 제1기와 제2기에 일자리를 찾아서 일본에 왔다는 것을 알 수 있다. <그림 1-2>에서 알 수 있듯이, 일본 패전 후, 특히 1960년 전에 설립한 회사가 80% 정도고, 나머지 약 20%는 1960년 이후에 설립했다. 즉, 일본의 고도경제성장기와 더불어 성장했다는 것을 알 수 있다.

그림 1-3   재일동포가 운영하는 폐기물·리싸이클회사의 지역별 분포(조사대상)

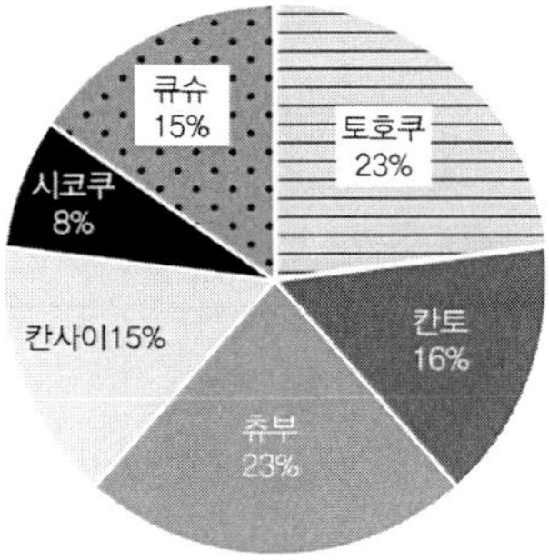

4.1.2 지역분포

재일동포가 운영하는 폐기물리싸이클기업은 전국적으로 분포해 있는데, <그림 1-3>과 같이 이번 조사대상은 지리적인 조건을 고려했다. 하지만, 중부지역의 기업은 결국 인터뷰가 가능한 회사를 찾지 못했기 때문에, 상대적으로 동북지역의 기업이 조금 많아졌다. 적극적으로 인터뷰에 응해 준 지역은 토호쿠(東北), 큐슈(九州), 시코쿠(四国), 칸사이(関西) 지역이었으며, 칸토(関東)지역의 기업은 관련정보를 얻을 수는 있었지만, 인터뷰실시는 제한적이었다. 재일동포의 역사가 100년이 넘었는데, 정맥산업을 운영하는데 있어서 당당하게 한국인이라는 것을 밝히는 기업과 그 사실을 감추는 기업이 있다는 것을 보면 아직도 뭔가 보이지 않는 벽이 존재하는 듯한 느낌을 받았다.

4.1.3 회사 규모

이번 조사대상을 회사 규모별로 분류해 보면, 종업원수 200명 이하가 약 75%, 자본금 5,000만엔 이하가 약 70%를 차지했

그림 1-4 재일동포가 운영하는 폐기물·리싸이클 기업의 규모(조사대상)

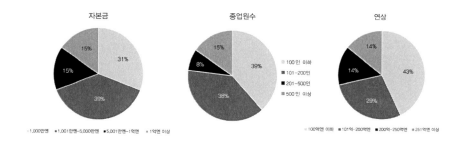

다. 그리고, 연매출액도 약 70%의 기업이 약 200억엔 이하였다 (그림 1-4). 다시 말하면, 비교적 큰 회사들도 대부분은 중소기업의 범주[18]에 해당한다는 것이다.

　물론, 조사대상 중에는 상장기업도 있었지만, 이 결과를 보면, 일본의 정맥산업의 시장규모 자체가 크지 않고, 세계적인 폐기물·리싸이클기업에 비하면 기업규모가 크지 않다고 할 수 있다. 다시 말하면, 일본의 정맥산업에 있어서 재일동포의 존재감은 매우 크지만, 정맥산업의 전세계의 시장규모와 성장가능성을 고려하면, 더 큰 잠재력을 가지고 있다고 말할 수 있다. 제2장에서는 실제 사례를 들면서, 조사기업들이 일본의 정맥산업과 어떤 관계를 가져왔는지 정리해 보고자 한다.

---

18)【중소기업자의 정의(업종 : 종업원규모, 자본금규모)】제조업·건설업·운송업·기타업종 :　300명 이하 또는 3억엔 이하

보족(補足); 신기한 인연 ─────────────────

필자가 토호쿠대학에서 지도한 한국유학생 중의 한 사람인 J씨는, 할아버지가 일본에 징용공으로 끌려와서, 코치현(高知県)의 한 마을의 군용도로 공사장에서 일하다가, 19세라는 어린 나이에 폭발사고로 사망했다. 그는 할아버지가 일본에서 돌아가셨다는 사실을 어렴풋이 알고 있었지만, 실제로 할아버지의 무덤이 어디 있는지는 전혀 몰랐다. 단지, 코치현의 마을 이름 밖에는 제대로 된 정보가 없었지만, 이 마을 이름조차도 확실하지 않았던 탓에 더 이상 할아버지의 소식을 찾는 것은 불가능하다고 생각했었다. 하지만, J씨는 손자인 자기가 일본유학을 온 이상, 어떻게든지 할아버지의 발자취를 찾아보겠다는 생각으로 끝까지 포기하지 않고 백방으로 문의한 결과, 일본에 온 지 3년이 지나고 나서 드디어 할아버지의 묘를 찾아내게 된다.

그의 할아버지는 열악한 노동환경 속에서도 지역 주민들과 친밀하게 교류를 한 결과, 사고로 사망한 후에 주민들은 할아버지의 죽음을 기리기 위해서 마을에 묘소를 만들었고, 마을 사람들은 그 묘를 60여 년이 넘게 소중하게 지켜왔던 것이다. 이 묘를 만든 경위는 명확하지 않지만, 1995년에는 마을의 행정기관과 주민들이 협력해서 모금활동을 펼쳤고, 이 기금으로 전쟁의 아픈 역사를 후세에 전하기 위해 J씨의 할아버지 묘 옆에 위령비를 세웠다. 2005년에 J씨가 직접 이 마을을 방문했을 당시, 코치현의 지방지에는, 주민들은 '일본 사람도 한국 사람도 전쟁의 희생자로 수많은 사람들이 큰 상처를 입었다. 징용으로 끌려온 한국 사람의 죽음을 남의 일이라고는 생각하지 않는다'고 울먹였다라고 전하고 있다. 또한 J씨는 '한일간의 과거 역사로부터 서로 무엇을 배울 것인가가 중요하다. 국가간은 대립을 할지 몰라도, 국민들 사이에는 교류가 점점 깊어지고 있다는 것을 실감했다. 나도 그러한 교류의 가교가 되고 싶다'라고 했다는 기록이 남겨져 있다.19)

　　이 미담으로도 민간레벨의 한일교류에 관해서는 국가, 역사 인식, 종교, 사회, 문화 등이 달라도 아무 문제가 되지 않으며, 시대를 넘어서 서로 존중하고 있다는 걸 알 수 있다. 이 책에서 는 이러한 생각을 바탕으로 일본의 정맥산업 속에서 재일동포기 업이 어떻게 탄생했는지, 그 성장과 발전과정, 세대간의 특징, 기 업으로서 의의, 국제화와 지구환경문제의 대응 등을 고찰한다. 전술한 것처럼 필자의 연구가 재일한국인과 깊은 관계가 있는 것과 필자가 지도한 한국인유학생의 미담에는 뭔가 신기한 인연 이 있다고 느끼지 않을 수 없다.

---

19)　"強制労働で犠牲の朝鮮人60年ぶりに親族が墓参：住民´ 大切に守り続け る(高知・大月町)",「しんぶん赤旗」, 2005년 3월 23일자, 그 외에 고치방송・ 센다이방송 등에서도 방영

제2장

살아남기 위해서

　　1945년에는 당시 210만명으로 추정되었던 「재일한국인」의 2/3에 해당하는 약 150만명이 한국으로 귀국했다고 한다.[2] 대부분의 한국인들은 일본을 떠났지만, 재일동포 2세 이후의 인구와 전후에 태어난 한국인이 증가하면서, 일본으로의 이주 인구가 아닌, 정주인구가 계속 늘어나게 됐다. <표 2-1>에서 보듯이, 일본 패전 직후에는 아직 재일동포 1세 인구가 2세 인구보다 많았지만, 1959년 이후는 서서히 재일동포 2세 인구가 증가해서 1974년이 되면 2/3 이상이 2세와 3세가 됐다. 재일동포 2세와 3

표 2-1 재일 한국인의 정주화[1]

구 분	일본 출생	한국 출생	기타	합 계
1945년	134,423	147,516	923	282,862
1959년	390,098	215,160	2,275	607,533
1964년	395,907	180,842	1,823	578,572
1969년	437,216	165,228	1,268	603,712
1974년	483,185	154,054	1,567	638,806

1) 小林 孝行(1980) "「在日朝鮮人問題」についての基礎的考察,「ソシオロジ」,

세는 대부분이 한국어를 못해서 한국이 모국이라는 생각이 명확
하지 않았기 때문에, 그들에게 일본에서 정주하는 것 이외의 선
택은 없었다고 할 수 있다.

1. 스크랩상·고철상

　　오사카의 고철상이라고 하면, 전후 오사카 구 육군병기공장
터에서 고철을 회수해서 생계를 유지했던 아파치족(族)의 삶을
그린 작품, 『일본삼몬오페라(日本三文オペラ)』가 유명한데, 이 소
설에는 재일동포의 집단거주지 생활과 인간관계, 그리고 금속스
크랩의 가치판단방법, 유능한 상술 등이 구체적으로 묘사되어 있
다3). 이 소설에서 「스크랩 회수업」이라는 단어를 사용하고 있는
데, 고철, 알루미늄, 동, 황동 등의 금속스크랩을 취급하는 일을
「스크랩상」이라고 하기도 하지만, 실제로는 「고철상」이라는 단
어가 당시의 생업을 단적으로 표현하고 있었다고 할 수 있다.4)

　　전후, 여성과 아이들은 하루하루의 반찬값을 벌기 위해, 길
바닥에 굴러다니는 못이나 조그만 금속파편 등의 고철을 주웠는
데, 당시는 이게 아주 일반적인 광경이었다.5) 너무나 힘든 시기
였지만, 땅에 떨어져있는 고철을 모아서 팔면, 어떻게든 한끼는

　　24卷3号, 社会学研究会, (1980), p.42.
2) 今野 敏彦(1968)『世界のマイノリティ: 虐げられた人々の群れ』, 評論社,
　　p.222.
3) 開高健(1971)『日本三文オペラ』, 新潮社
4) 上地 美和(2014) "鉄くず·鉄くず屋をめぐるフィールド調査から", 「日
　　本学報」, Vol.33, 大阪大学大学院文学研究科, pp.53－55.
5) 상동

때울 수 있었다고 해도, 이것만으로는 생활하기가 어려웠다는 것을 의미한다.

소위 「고철상」이 직업으로서 본격적으로 자리를 잡은 것은 「6.25전쟁」이 발발하고 나서부터인데, 주로 철이나 금속류를 취급하는 공장을 돌아다니면서, 절삭작업에서 발생하는 금속폐기물과 고철을 모으는 일이었다. 김달수(1980)의 「쓰레기」라고 하는 소설에서는 조선소에서 버려지는 금속폐기물을 회수해서, 중개업자에게 팔면서 생활하는 한국인의 모습이 그려져 있다.6) 그러나, 생면부지의 사람에게 고철을 팔 수는 없었을 테니까, 얼마나 빨리, 그리고 많은 단골을 만드느냐가 중요했다. 당연한 일이었지만, 주변에는 경쟁상대가 많았기 때문에, 경쟁을 피해서 효율적인 영업을 하기 위해서는 더 먼 곳까지 영업범위를 넓힐 필요가 있었다. 결국 조금이라도 먼 거리까지 이동을 하기 위해서는, 적어도 리어카나 마차가 있어야 했고, 작은 트럭이라도 한 대 있으면 영업능력은 눈에 띄게 향상됐다. 재일동포들이 시작한 폐품회수, 고철상, 스크랩상, 고물상도 같은 상황이었는데, 한번에 조금이라도 많은 양을 운반하기 위해서, 인력에 의존하는 리어카 한 대에 500킬로그램, 마차에는 1톤의 고철을 싣는 경우도 있었고, 200~300킬로그램 정도의 고철은 혼자서 실어 날랐을 정도라고 했다. 트럭을 이용하면 2배 이상의 물건을 운반할 수 있어서, 운반효율이 획기적으로 좋아진다. 당시 트럭을 구입할 수 있었다는 한 고철상은 아오모리나 이와테현에서 동경 주변까지 가서 고철이나 폐차스크랩을 구입했었다고 하니, 그의 일에

---

6) 金 達寿(1980) 『金達寿小説全集一』, 筑摩書房, 각주4)에서 재인용

대한 열정과 강인한 체력, 적극적인 행동에 감복하지 않을 수가 없다.

기동력이 생기면 영업범위가 넓어지니까, 고철이 발생한다는 소문만 돌면, 거침없이 구매상담을 할 수 있었고, 때로는 운송업과 같은 일도 받을 수 있었기 때문에, 각 지역의 지리적, 경제적인 상황을 읽어내면서, 금속스크랩이 발생하는 시기와 장소, 일의 내용을 정확하게 판단할 수 있었다고 한다. 어느 정도 거래처가 늘면, 얼마나 자주, 그리고 지속적으로 고철이 발생하는지를 예측할 수 있게 되는데, 이러한 정보파악과 분석력이 회사성장의 중요한 열쇠가 됐다. 예를 들면, 거래처가 폐기하는 스크랩의 종류와 배출량을 파악해서, 이에 맞는 회수박스(아마도 드럼통 정도)를 설치해 놓고 정기적으로 회수하는 것은 스크랩상 또는 고철상으로서 안정적인 비즈니스를 하고 있다는 증거라고 할 수 있었다. 이 정도까지 성장하면, 회수한 스크랩을 보관할 장소(야드)가 필요하게 되는데 그러면 자연스럽게 사업규모도 커지기 마련이다. 스크랩 야드를 마련해서 일정량 이상의 고철을 취급하게 되면, 고철을 선별하는 장소도 필요하게 된다. 취급하는 스크랩은 고철이 중심이었지만, 실제로는 철 이외에도 동, 알루미늄, 황동, 포금[7] 등의 비철금속도 회수하기 마련이다. 이들 금속 스크랩을 고철 가격으로 팔면, 손해를 보기 마련인데, 종류별로 정확하게 선별하면 할수록 수익성이 높아질 뿐만 아니라, 불순물이 적어져서 품질도 좋아지기 때문에 스크랩 판매처인 중개업자나 제철소의 신용이 점점 높아진다. 현재의 리싸이클 현장에서도 선별은 아주 중요한 프로세스인데, 당시도 선별작업을 제대로 했는

---

7) 동과 주석, 또는 동과 주석·아연의 합금, 『デジタル大辞泉』로부터

지 안 했는지가 고철상이나 고물상이 기업으로서 성장하는 잠재력을 판단하는 중요한 기준이었을 것이다.

한편, 이러한 과정을 거쳐서 수집한 각종 스크랩은 철과 비철로 선별해서 중개상이나 제철소에 팔게 되는데, 결국은 규모가 큰 중개상이나 제철소가 유리한 상거래 구조이기 때문에 금속스크랩의 가치를 제대로 판단할 수 없으면, 그저 구입처가 부르는 가격에 따라서 물건을 팔 수 밖에 다른 방법이 없었다. 결국은 조금이라도 비싸게 판매하기 위해서는 눈짐작이라고 해도 보다 정확한 가치 판단을 할 수 있는 능력을 키워야 한다. 지금도 재일동포 2세가 현장에서 작업 지시를 하고 있는 경우는 구입할 스크랩의 가치를 눈으로 보고 판단하는 사장님의 능력이 구매와 판매에 중요한 역할을 한다. 일반적으로 산더미처럼 쌓여있는 스크랩의 안쪽 깊은 곳은 무엇이 들어있는지 보이지도 않을 뿐더러, 오차 범위 내에서 전체의 중량과 품질을 판단한다는 건 거의 불가능한 일이다. 그저 한번 쓱 둘러본 것뿐인데, 나이든 사장님은 어떻게 조금도 주저 없이 그 가치를 알 수 있는 것일까? 그의 오랜 현장경험과 비즈니스감각은 동업자들의 상술과 심리, 영업지역의 스크랩 발생동향, 국제적인 자원가격의 움직임, 국내정세와 경기변동까지 정확하게 읽어내서, 고철이나 비철 스크랩, 폐전선, 폐가전, 폐플라스틱 등이 산더미처럼 복잡하게 쌓여있다고 해도, 오차범위내의 가치판단이 가능하다고 하니, 과연 가까운 장래에 이 일을 AI(인공지능)나 로봇이 완전하게 대체할 수 있을까?

그럼, 고철상, 폐품수집, 스크랩상, 고물상이라는 일은 어떤 이미지를 가지고 있을까? 일반적으로 이 업종은 기름범벅의 더러운 작업복, 토양오염과 대기오염, 악취 등의 이미지가 강했기 때문에, 마을에 이런 회사가 들어선다고 하면, 주변으로부터 따가운 눈총을 받기 일쑤다. 실제로 고철상은 사회학 연구분야에서도 마이너리티의 「하층사회」의 잡업으로서 분류되고, 오키나와사람이나 한국 사람이 많이 종사하고 있었다는 특징이 있다.[8] 당연한 일이지만, 아이들은 아버지가 이런 일에 종사하고 있으면 이를 부끄럽게 생각해서, 감추는 경우가 많았고, 이런 사실이 알려지면 이지메를 당하기도 했다고 한다. 하지만, 당시의 재일동포들은 번듯한 직장에 취직할 수도, 은행에서 사업자금을 융자받을 수도 없었기 때문에, 재일동포 1세나 2세는 그저 살아남기 위해서, 그리고 가족들을 부양하기 위해서, 주변의 눈을 의식할 여유도 없이 이 일에 몰두했다. 특히 창업자인 재일동포1세는 이 일을 생업으로 생각하고 필사적으로 일했는데, 너무나 몸을 혹사시킨 결과, 젊은 나이에 중병에 걸리거나, 일하던 중에 교통사고를 당하는 경우도 많아서, 전체적으로 단명한 사람이 많았다. <그림 2-1>은 이러한 상황을 명확하게 설명하고 있는지도 모른다. 1960년대의 재일한국인은 30대부터 50대의 사망률이 아주 높은데, 일본인뿐만 아니라, 한국 국내의 성인사망률보다도 훨씬 높다는 것을 알 수 있다. 특히 45~49세는 일본인과 한국 내 성인의 2배 이상의 사망률(12.28%)을 나타내고 있고, 50~54세도 일본인의 평균사망률보다 2배 이상 높다(18.51%).

　고철, 스크랩, 폐기물에 대한 차별적이고 부정적인 이미지는

8) 上地 美和(2014) "鉄くず・鉄くず屋をめぐるフィールド調査から", 「日本学報」, Vol.33, 大阪大学大学院文学研究科, pp.66－67.

그림 2-1 한일의 사망률 비교[9]

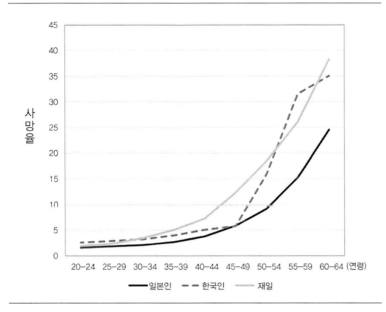

한국과 일본을 막론하고 사회 전반에 아주 길게 자리잡고 있었던 듯하다. 하지만 이런 부정적인 이미지와는 달리, 고철상은 한나라의 기간산업에 원료를 공급하는 중요한 일이고, 자원순환의 관점으로 봐도 경제면, 환경면에 큰 공헌을 해 왔다. 유감스럽게도 이런 긍정적인 이미지를 정착시키기까지는 상당히 긴 세월이 필요했다. 다음 절에서는 고철상이 번듯한 기업으로서 성장해 나아가는 과정을 조심스럽게 살펴보고자 한다.

9) 金 正根(1971) "在日朝鮮人の人口学的研究", 「民族衛生」, 日本民族衛生学会, p.143.

2. 기업으로서의 성장

　　재일동포 1세의 경우, 당시의 일본 사회에서는 미성숙하고 사회적 지위가 낮은, 또는 「천업(賤業)」이라고 불리는 산업에 종사할 수밖에 없었다.10) 재일동포 1세 중에는 자신이 「토족(양반)」출신인 것을 자랑으로 생각해왔던 사람들이 많았는데, 「천업(상공: 商工)」의 길을 택할 수밖에 없었던 것은 유교적인 가치관을 가지고 있었던 그들에게는 매우 괴로운 일이었을지도 모르겠다. 변영호(2017)는, 토족은 선비에 걸맞게 독서를 하고, 천업에는 관여하지 않으며, 조선시대에는 혹시라도 천업에 종사한다면 양반으로 여기지 않았으며, 양반은 설사 굶는다고 해도 천업에는 절대로 종사하지 않았다고 설명하고 있다.11)

2.1 재일동포와 고철상

　　전후, 재일동포의 경제활동을 다양한 예를 들면서 소개하고 있는 문헌으로는 『재일 코리안의 경제활동 ― 이주 노동자, 기업화의 과거·현재·미래 ―』가 있다.12) 이 책에는 재일동포 1세의 고물상경영의 고찰, 교토의 니시진(西陳)직물 제조에 종사했던 한국인의 생활사 및 의식, 공무원채용 배제문제, MK택시의 사례 등을 들면서 재일 동포의 기업화 과정과 도전자 정신, 일본의 엄

---

10) 河 明生(1998) "日本におけるマイノリティの 「起業家精神」－在日1世韓人と在日二·三世韓人との比較－", 「経営史学」, 第33巻第2号, 経営史学会, p.58.

11) 邊 英浩(2017) "韓国の儒教的ソンビ－李退渓·李栗谷·丁茶山を中心に－", 都留文化大学研究紀要 第86集, pp.125－126.

12) 李 洙任 編著(2012) 『在日コリアンの経済活動－移住労働者´ 企業化の過去·現在·未来－』, 不二出版

격한 행정지도에 굴하지 않는 태도, 그리고 조국과 고향에 대한 절실한 마음이 쓰여 있다.[13]

특히 재일동포가 많이 모여 살았던 교토, 오사카, 고베의 재일동포회사들은 몇 가지의 특정산업에 집중되어 있었다. 이것은 재일동포가 노동자로서 종사하고 있었던 토건업, 고무나 가죽제조업(주로 신발), 섬유산업, 금속가공업(주로 고철상) 등으로, 나중에 재일동포가 본격적으로 시작했던 빠칭코산업, 금융업, 부동산업, 음식점 등에 비해도 훨씬 많았다.[14] 1941년 9월, 일본 국내에 「금속회수령」이 발효되는데, 이 법은 종래의 고철배급통제가, 고철발생공장과 소비공장의 유통·판매에만 관여를 했던 것에 반해서, 「금속회수령」은 일반 가정 및 공장, 시설 등 금속 소유자를 직접 지명해서 판매를 명했다. 전쟁 중의 금속류회수는 월간 고철취급량 100톤 이상의 「지정상인」을 중심으로 행해졌기 때문에, 당연한 일이었겠지만, 재일동포가 운영하는 고철상은 이러한 중심조직에 직접적으로 관여할 수 없었다.[15]

재일동포가 창업한 기업수가 가장 많았던 시기는 1960~1970년대인데, 1964년 동경올림픽과 1970년 오사카만국박람회 개최에 따른 경제특수의 영향으로 1966~1970년까지의 창업기업 총수는 880사에 달했다. 특히 대규모 건설공사나 도시개발 붐으로

13) 外村 大(2014) "書評", 「社会経済史学」, Vol.80 No.1, 社会経済史学会, pp.104－105.

14) 韓 載香(2005) "在日韓国·朝鮮人ビジネスの歴史的動態", 「経済史学」, 第40巻第3号, 経済史学会年次大会報告, pp.57－58.

15) 富高 幸雄(2013) 『日本鉄スクラップ史集成』, 日刊市況通信社, p.94.과 pp.602－603.

재일동포 건설업자의 등장도 눈에 띄게 많았다. 한편 1971년부터는 건설업, 제조업, 고철상의 창업은 감소하기 시작하는데, 이 시기부터 음식점, 부동산업 등의 서비스 산업으로의 이행이 시작됐다고 할 수 있다.

재일동포 기업의 업종변화는 <표 2-2>를 보면 잘 알 수 있다. 종전 전에 창업한 기업은 그리 많지 않아서, 1950년의 6.25전쟁 특수로 인해 1953년경에는 이미 전쟁 전의 최고 수준을 넘었다. 1956년의 『경제백서』는 '국제수지의 대폭개선, 물가안정, 과잉 융자의 개선을 동시에 달성하면서 경제규모를 확대한 것은 전후 첫 경험이다'라고 설명하고 있는데,[17] 이 시기부터 제

그림 2-2 재일한국인의 정맥산업 취업상황(1960년대)[16]

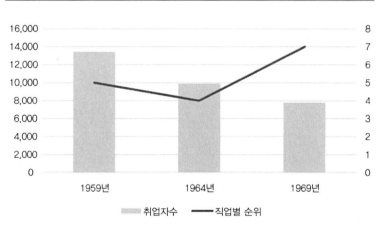

취업자수 ━ 직업별 순위

16) 韓 載香(2005) "在日韓国·朝鮮人ビジネスの歴史的動態",「経済史学」, 第40巻第3号, 経済史学会年次大会報告.
17) 経済企画庁(1956)『昭和31年度経済白書』, pp.57-58.
    https://www5.cao.go.jp/keizai3/keizaiwp/wp-je56/wp-je56-0000m1.html

표 2-2 재일동포의 창업업종의 시대변화[18]

창업시기	건설업	제조업	고철상	음식점	부동산업	오락업	총창업기업수
~1944년	1.8	2.9	2.8	0.5	0.4	0.3	120
1945~50년	3.7	8.1	10.3	1.3	0.9	2.9	340
1951~55년	5.4	7.9	9	1.2	3.9	5.2	467
1956~60년	6.9	11.3	10.6	4.1	2.7	5	587
1961~65년	10.5	12.1	10.1	7.2	6.8	6.2	739
1966~70년	14.3	12.1	11	11.3	7.8	6	880
1971~75년	7.6	7.1	5.9	11.4	6.7	7	714
1976~80년	6.6	5.7	7.7	14.6	8.4	5.2	712
1981~85년	5.1	5.1	4	10.3	6.6	7.2	646
1986~90년	5.7	3.4	2.4	10.7	7..2	4,7	604
1991~97년	2.2	2	1.3	5.4	2.8	2.4	349

조업과 고철상의 창업이 늘기 시작해서, 1970년까지 높은 수준
(10% 전후)를 유지했다(표 2-2). 1970년 이후는 음식점의 창업이
늘기 시작했고, 오락업은 1950년대부터 일정 수준(5% 전후)를 유
지했다.

　실제로 재일동포의 창업이 많았던 1960년대 전후의 취업형
태의 추이를 보면, 정맥산업에 종사하는 재일동포는 1959년 4월
에 13,434명(전체의 2.2%, 직업별 순위 5위), 1964년 4월에는 9,909
명(전체의 1.7%, 직업별 순위 4위), 1969년 9월에는 7,802명(전체의
1.3%, 직업별 순위 7위)이었다(그림 2-2). 법무성 조사에 의하면
1959년의 재일동포의 유직자수가 약 149,000명이었으니까, 전체
유직자의 약 10%, 즉 10명 중에 1명은 고철상이었다는 것을 알

---

18) 在日韓国人商工会議所(1997) 『在日韓国人会社名鑑』, 韓 載香(2007) "「在
日企業」と民族系金融機関－パチンコホールを事例に－", 「イノベーショ
ン　マネジメント」´ No.5´ 法政大学イノベーション　マネジメント研究
センター, pp.100-102.에서 재인용

수 있다.[19] 이번 조사대상의 반 이상이 1960년 이전에 창립한 회사로, 특히 1945년 이후, 1960년대에 집중되어 있는 것도 이와 같은 이유라고 생각한다.

2.2 신뢰받는 기업으로

전술한 바와 같이, 재일동포가 설립한 고철상이 탄생한 것은 1910년대부터이고 종전 후에는 6.25전쟁, 동경올림픽, 오사카 만국박람회의 특수로 인해 창업 기업수가 급증했다. 특히 심각한 생활고를 이겨나가기 위해 필사적인 노력으로 시작한 고철상의 경험이 창업의 원동력으로 작용했을 것이다. 단 6.25전쟁특수로 금속스크랩의 수요가 급증했을 때, 재일동포기업은 비즈니스면에서 많은 제약과 장벽이 있었던 것도 사실이지만, 스크랩의 정확한 가치판단과 다양한 거래처 확보능력, 풍부한 현장경험과 노하우는 후발기업들이 흉내내기 힘든 장점으로 작용했을 것이다.

전쟁 전에 창업을 한 기업의 경우, 일자리를 찾아서 일본에 왔기 때문에, 이미 일본에 살고 있던 친척들, 먼저 취직하고 있었던 회사동료나 지역주민들이 도움을 받아서 창업을 할 수 있었고, 비록 규모는 작아도 단기간에 사업을 궤도에 올릴 수 있었다고 한다. 또한 여러 가지 시행착오를 겪어가면서도, 단골손님을 늘려서 야드를 만들었고, 트럭이나 간단한 가공설비를 마련한 곳이 많았다. 이 시기에 설립한 기업들은 예전과 같은 경영스타일을 유지하고 있는 곳이 많아서, 지금도 지방자치단체나 지역기업들의 신뢰가 높고, 지역밀착형 폐기물리싸이클업자로 알려져 있는 곳이 많다.

---

19) 呉 圭祥(1992) 『在日朝鮮人企業活動形成史』, 雄山閣出版, p.119.

2.2.1 단 한 번의 실수

A사의 경우, 1930년대부터 폐품수집업을 시작한 후, 자사의 주변지역에 있는 대기업의 스크랩을 수집, 가공, 판매하면서 성장을 거듭해왔다. 그 후, 6.25전쟁 특수, 고도경제성장에 의한 스크랩 발생증가와 함께, 취급품목이 다양해지면서 적극적인 설비투자를 해 왔다. 이러한 성장은 지역의 대기업, 지역주민들로부터 A사는 어떤 종류의 스크랩이 발생하더라도 깨끗하고 정확하게 처리, 가공해 준다는 믿음이 있었기 때문이다. 그러나 아무리 높은 신뢰와 신용이 있었다고 한들, 단 한 번의 실수로 한순간에 공든 탑이 무너지는 경우도 있다.

한편 지역 안에서 신뢰받는 기업으로 아무런 문제없이 성장을 거듭해 온 이 회사는 무슨 연유였는지, 폐기물의 재자원화 과정에서 발생하는 더스트(잔사)를 위탁, 처리하는 과정에서 큰 실수를 범하고 만다. 정식으로 허가를 받지 않은 폐기물 처리업자에게 더스트 처리를 위탁한 결과, 갑자기 불법투기업자로 전락하면서, 지역에서 가장 건실하고 믿을 수 있는 우량업체에서 불법을 일삼는 업자라는 낙인이 찍힌 것이다. 당연한 결과겠지만 가해자로서 고소장이 제출되었고, 긴 재판과정을 거친 끝에 불법투기현장의 원상복구의 책임을 지고 벌금과 함께 막대한 복구비용을 부담하게 된다. 이 사건은 긴 역사와 신뢰를 자랑으로 생각해 왔던 당사자, 게다가 조국의 유명 가문의 자손이라는 것에 높은 자긍심을 가지고 있었던 경영자로서는, 너무나도 큰 충격이었다고 생각된다. 또한 자신이 한국인이라는 것 때문에 나쁜 소문이 퍼져서 더 큰 비난을 받지는 않을까, 이 사업으로 재기하는 것은

불가능하지 않을까 하는 불안이 컸을 것이다. 하지만, 이 회사는
주민들에게 손가락질을 받거나 악소문이 난무하는 피해를 입기
는커녕, 실제의 재판에는 폐기물관련협회와 제철업계의 중진들
이 스스로 증인을 자처했고, 이 회사도 피해자라는 증언과 지금
까지 성실한 거래를 해 왔으니 꼭 선처해 달라는 요구까지 했다.
게다가 이 회사가 조업을 멈추는 바람에 폐기물처리에 곤란을
겪고 있었던 지방자치단체는 해당회사의 재기를 돕기 위해서, 사
업체 재등록을 도왔으며, 지역의 기업과 주민들의 변함없는 협력
과 지원을 받은 결과, 지금도 지역밀착형의 폐기물리싸이클업체
로서 사랑을 받고 있다. 이 회사는 곧 창업 100주년을 맞이하게
된다. 일본인, 한국인이라는 국적의 개념을 넘어, 긴 세월 동안
지역전체가 든든한 받침대가 되어, 지역이 필요로 하는 장수기업
으로서 사랑받고 있다는 사실이 다음 세대에 계속 전해지기를
기대해 본다. 실제로 이 회사 이외에도 1930년 이전에 창립한 회
사들은 대부분 지역주민들의 지원을 받으면서 성장을 거듭하고
있다. 특히 1910년 이전에 이주한 사람들은 이런 경향이 강한데,
1930년 이전에 일자리를 찾아서 이주한 후, 전쟁이 끝나기 전에
창업한 기업도 비슷한 경향을 보이고 있다.

2.2.2 정상을 목표로

재일동포가 경영하는 폐기물리싸이클업자 중에는 특정분야
에서 최고의 자리를 차지하려고 치열한 경쟁에서 이긴 기업이
눈에 띈다. 예를 들면, 일본에서 발생하는 폐전선처리량과 잡선
의 수출량이 가장 많은 회사, 대형건물해체에 특별한 노하우를
가지고 있어서 전국의 해체공사현장을 휘젓고 다니는 회사, 대규
모 제철공장에서 발생하는 처리곤란물의 재자원화를 가능하게

해서 대기업의 제철소부지 안을 자유롭게 드나드는 회사, 철스크랩의 한국수출량이 눈에 띄게 많은 회사, 건설산업폐기물의 취급량이 전국 1위인 회사, 지역내 최대 리싸이클회사, 폐기물 수집부터 처리, 가공, 재자원화, 소각, 매립까지의 모든 과정을 완결하고 있는 회사, 지자체의 폐기물 관리와 처리, 가공을 전면적으로 위탁받고 있는 회사 등, 창업 이래, 독자 노선으로 성장을 계속해 오면서 정상의 자리를 지키고 있는 회사가 많다. 2대째보다 3대째가 회사를 키웠고, 사업 영역을 확대했으며, 사회적인 지위를 높혀서, 일본 사회 안에 자연스럽게 융화되면서 자기만의 전문 영역을 확립해 왔던 것이다.

B사는 재일동포 1세가 강제연행된 큐슈탄광으로부터 도망친 후, 탄광에서 조금이라도 먼 곳을 향해서 하염없이 이동한 결과, 일본 최북단에 자리를 잡고 리어카 한 대로 고철상을 시작한 회사다. 그러나 매일 밤낮을 가리지 않고 앞만 보고 일을 했던 초대 사장은 고철상이 제대로 자리를 잡기도 전에 교통사고로 목숨을 잃었다. 이 사고로 아직 어린 소년이었던 장남은 다니던 고등학교를 그만두고, 아버지 대신에 리어카를 끌 수밖에 없었다. 고철상 일에 대해서는 아무런 지식도 없었고, 매일같이 심한 모멸과 욕설을 들어야만 했던 소년은 마음에 큰 상처를 받을 수밖에 없었다. 그는 남들보다 작은 체구여서 중노동을 감내하기가 쉽지 않았지만, 남아있는 가족들을 부양하고 어린 동생들의 학비를 마련하기 위해서, 16세의 어린 나이에 가업을 이어 받기로 결심했다. 본인이 열심히 노력하지 않으면 살아갈 수가 없으며, 어린 여동생과 남동생뿐만 아니라, 그 자손들에게 불행한 장래, 차별받는 기억을 남기고 싶지 않다는 일념이, 소년을 강하게 만든

것이다. 처음에는 마을에서 고물상을 하는 것이 너무 부끄러운 일이었다고 한다. 같은 학교에 다니던 동년배 소년들이 놀리면서 돌을 던지거나, 거래처 사장님의 심한 욕설을 참아야만 했지만, 이를 악물고 폐품회수를 계속했다. 원래 이 소년은 수학과 물리를 좋아했고 머리가 명석했었는데, 이과 쪽 지식과 좋은 머리를 이용해서 금방 고철상으로서의 수완을 발휘하기 시작했다. 그는 고철보다 비철금속 스크랩의 가치가 높으며, 어떤 물건들을 모으면 높은 수익이 생긴다는 것을 알고, 효율적인 회수와 선별방법을 터득하기 위해서 노력했다. 이러한 노력이 결실을 맺어서, 지금 이 회사는 일본국내에서 가장 많은 전선 스크랩을 취급하는 회사로 성장했다. 이 회사 사장은 지금도 현역으로 일을 하고 있는데, 처음 회사를 시작한 시골에 멋진 본사 빌딩을 세우고 이 사업을 계속하고 있다. 농가와 논밭이 펼쳐진 시골에 고층빌딩이 보이는 것은 좀 이상하기도 하지만, 왠지 빌딩의 높이만큼이나 사장의 노력과 자존심이 전해진다. 아마도 그의 60년이 넘는 현장경험과 노하우, 남들이 보면 대충 어림잡아서 얘기하는 것처럼 보이는 거래 방법은 슈퍼컴퓨터도 흉내내기가 그리 쉽지는 않을 듯하다.

2.2.3 불가능이란 없다

폐기물처리와 리싸이클분야에서는 처리가 곤란하거나, 무모한 도전을 해야 하거나, 리스크가 높다고 하는 안건에 직면하는 경우가 많다. 제조업과는 달리 명확한 원료 확보와 구입, 생산계획을 만드는 것이 용이하지 않고, 일정한 품질관리가 어려울 뿐더러, 매일같이 변하는 자원가격은 국제관계나 경제상황의 변화에 민감하게 반응한다. 게다가 불순물뿐만 아니라, 위험물과 유해물이 혼입되는 리스크가 있고, 후쿠시마 원자력 발전소 사고 이후에는 방사선량에도 주의를 기울여야만 한다.

B사와 C사는 동향 출신으로 일본에 온 것도, 고철상을 시작한 것도 거의 같은 이유였으며, 기업으로서도 비슷한 성장과정을 거쳐왔다. 두 회사는 실제로 먼 친척이라고 한다. C사의 2대째 사장도 선대의 가업을 이어가기 위해서 대학진학을 포기한 채, 젊은 나이에 트럭 운전을 하면서 주변지역의 스크랩을 모아서 가공, 판매했다. 비록 대학진학은 포기했지만, 물리를 좋아해서 독학으로 리싸이클 기계나 설비를 설계해서 만드는 등, 이 업계에서는 전설적인 인물이다. 당시 주변지역의 대규모 토목사업(도로 및 터널, 철도공사, 중공업단지개발 등)에서 나오는 대형 스크랩은 운반하기조차 쉽지가 않았던 탓에, 이걸 옮기고 가공해서 재자원화 하는 것은 간단한 일이 아니었다. 아무도 선뜻 나설 수 없는 일이었지만, 끝까지 포기하지 않고 시행착오를 거듭한 결과, 다양한 아이디어로 복잡한 공구와 중기를 이용해서 리싸이클에 성공했다고 한다. 그 후에도 주변에서는 민간기업이 단독으로 도입하는 것은 리스크가 너무 커서 불가능하다고 했던 대규모파쇄설비, 소각 및 발전시설을 도입해서 업계를 놀라게 했다. 이 플랜트는 한동안 안정적인 가동이 어렵다고 하는 소문이 있었지만, 사장의 아이디어로 끊임없이 개선을 계속해 온 결과, 자사의 엔지니어링부서가 독자적으로 유지, 관리를 하면서 안정적인 조업을 하고 있다. 지금은 처리가 곤란한 폐기물을 소각해서 얻어진 전력을 자사공장에 공급하고 있으며, 남은 전력은 전력회사에 팔고 있다. 회사의 성장과 더불어 지역발전과 고용에 큰 공헌을 하고 있을 뿐더러, 일본의 폐기물리싸이클업계를 대표하는 회사로 성장한 것이다. 실제로 매년 한국은 물론 아시아각국에서 이 회

사를 견학하러 오는 단체가 끊이질 않는다. 이 회사의 사장(현 회장)은 수년 전에 현역에서 은퇴했는데, 폐기물 처리와 리싸이클 업계의 선구자로서, 그리고 한국의 폐기물리싸이클업계의 발전에 큰 공헌을 한 것에 대해 「한국자원리싸이클링학회」로부터 「공로상」이 수여됐다. 1993년에 설립된 이 학회는 한국에서 처음으로 폐기물 리싸이클에 관한 연구를 시작한 학술단체인데, 지금까지 이 상을 수상한 사람은 그가 유일하다.

2.2.4 은인

일본이 패전한 후, 한국으로 돌아가지 못한 채, 한치 앞도 알 수 없는 상태에서, 아무런 계획 없이 기차를 타고 정처 없이 떠돌다가 무심코 내린 시골역에서 일생의 은인을 만난 케이스도 있다. D사의 창업자는 종전 후에, 전쟁 중에 일했던 공장과 마을을 떠날 것을 결심했다. 아마도 이전에 근무했던 공장에서는 별로 기분 좋은 기억이 없었던 것 같았다. D사는 전후에 이주한 미지의 지역에서 고철상을 시작했기 때문에, 위에서 소개한 회사들처럼 정주하고 있었던 지역을 기반으로 성공한 사례가 아니다. 그리고, 이미 일본에 살고 있던 친척집에 머물거나, 재일동포가 운영하는 식당이나 공장에서 편의를 봐 준 경우와도 다르다.

D사의 창업자가 한 시골역에 내려서 괴롭고 근심스러운 표정을 짓고 앉아 있었는데, 그에게 상냥하게 말을 건 사람이 있었다. 이 사람은 D사의 창업자의 딱한 사정을 듣고, 처음 만난 사람, 그것도 타지에서 온 외국인에게 돈이 없어도 바로 시작할 수 있는 고철상을 해 볼 것을 권유했고, 고철을 보관할 장소와 살 집까지 제공해줬다고 한다. D사는 이를 기반으로 사업을 시작했다고 하는데, 낯선 이방인이 고철을 모으는 것은 간단한 일이 아

니었을 것으로 생각된다. 고철상으로 성공하기까지는 이 일본인의 인맥과 주변 사람들과의 네트워크가 큰 도움이 됐을 것이다. 이처럼 그는 처음 보는 이방인을 물심양면으로 지원하고 돌봐주었던 것이다.

긴 세월이 지나, 이 회사는 재일동포 3세가 사장에 취임했는데, 이젠 이 지역에서는 이 회사를 모르는 사람이 없을 정도로 유명한 기업이다. 대형폐기물리싸이클업체로서 성장한 것뿐만 아니라, 큰 지진이 발생했을 때는 가장 먼저 재해폐기물처리에 착수해서 피해지역의 복구와 재건에 큰 공헌을 했다.

D사의 현관 입구에는 훌륭하고 멋진 흉상 두 개가 놓여져 있다. 한 사람은 D사의 창업자이고, 또 한 사람은 창업을 도와준 은인이다. 국가를 넘은 박애의 정신, 사회적인 약자로 차별받기 쉬운 재일한국인을 아무런 대가없이 흔쾌히 받아들여서, 힘닿는 데까지 지원해 주었던 인간애, 이 감동적인 스토리는 한일우호의 상징으로서 세대를 넘어서 계속 전해질 것이다.

이와 같이 고철상을 시작한 재일동포 1세, 기업으로서의 기반을 다진 2세는 상상도 할 수 없는 고생과 차별을 경험해 왔다고 생각된다. 하지만 지역주민의 지원과 협력을 받아서 지역과 함께 성장하면서 지역밀착형의 대형폐기물리싸이클기업으로서 성장해왔다는 것도 부정할 수 없다. 거기에는 한국과 일본의 불행한 역사가 있었고, 거주지와 직업선택의 어려움, 사회적인 차별행위가 있었다고 해도, 전후의 불행하고 어두운 사회환경 속에서, 국적을 떠나 이웃으로서의 상부상조, 전쟁의 폐허와 빈곤으로부터 탈출해서, 보다 풍요로운 생활을 영위하기 위해 서로 격려하면서 살았다는 것을 짐작할 수 있다.

3. 조국을 향한 마음

재일동포 1세의 경우, 조국을 향한 마음이 너무나도 특별했다. 그들은 일자리를 찾아서 일본에 와서, 패전한 후에도 귀국하지 않고 일본 정주를 선택했지만, 조국에 대한 애국심은 그 누구보다도 각별했다. 민족상, 종교상의 마이너리티는 기업활동에 있어서 탁월성을 발휘하는 경우가 많은데, 일본사회의 마이너리티라고 할 수 있는 재일동포들도 이런 경향이 있다. 롯데, 다이와제관(大和製罐), 헤이와(平和), 소프트뱅크, 마루한 등은 전후, 비교적 단기간에 성장한 기업인데, 전체 인구의 1%에도 미치지 못하는 민족적 마이너리티로부터 이런 기업이 탄생한 것은 놀랄만한 일이다.[20] 그러나, 재일동포의 기업(起業)활동에 관해서는 유명대기업이나 빠칭코산업의 창조 등을 주목하는 문헌은 있지만, 정맥산업에 대해서 언급한 문헌은 많지 않았다. <표 2-2>에서 알 수 있듯이, 정맥산업의 루츠인 고철상은 1945년부터 1970년경까지 활발하게 창업을 하고 있어서 재일동포의 기업활동 중에서도 그 존재감이 크다고 할 수 있다.

하명성(1998)은 재일동포 1세의 「전통적 가치관」의 특징을 알기 쉽게 설명하고 있다.[21] 재일동포 1세는 일본에 이주하기 전에 정규교육을 받은 적이 거의 없고, 살고 있던 마을의 전통적

---

20) 河 明生(1998) "日本におけるマイノリティの「起業家精神」 −在日1世韓人と在日二・三世韓人との比較−", 「経営史学」, 第33巻第2号, 経営史学会, pp.50−51.

21) 상동, pp.53−57.

인 교육기관이었던 「서당」에서 '유교교육'을 받은 것이 전부였
다. 16~17세기, 우리나라의 지방향촌에는 서당을 모방한 듯한
교육기관이 설립되었는데, 그 교육기관의 장(학장, 관장, 훈장)을
정해서, 대략 8~9세부터 15~16세까지의 토족이나 일반서민의
아이들을 교육했다고 한다.22) 「서당」 교육은 근본적인 바탕이
유교사상이었기 때문에, 이곳에서 교육한 「전통적 가치관」은
「효(孝)의 윤리」였다. 즉, '부모로부터 받은 내 몸을 소중하게 생
각하는 것이 효의 시작이며, 출세해서 명성을 얻는 것이 부모에
대한 마지막 효도이다'라는 생각을 마음 깊숙한 곳에 새겨 놓았
기 때문에, 「혈통적 자존심」, 다시 말하면 우수한 선조의 피를
물려받았다고 하는 일족에 대한 애정과 이를 자자손손 계승시켜
야 한다는 사명감이 매우 강했다.

　　한편, 고향을 떠나 일본에 온 것뿐만 아니라, 한일 국교정상
화 전에는 조국을 방문하는 것조차 불가능했던 당시의 상황을
고려하면, 재일동포 1세들은 조상의 성묘를 가거나 제사를 모시
지도 못한 채, 일본에 계속 머무르고 있다는 것이 너무나도 부끄
러운 일이었을 것이다. 그러므로 그들은 항상 자신은 불효자고
죄인이며, 그것도 아주 무거운 죄를 짓고 있다는 죄책감이 강했
다. 이와 같은 「전통적 가치관」은 죗값을 치르기 위해서 조국과
선조를 위해서 무언가를 해야 한다는 강한 의무감을 만들어 냈
다. 그렇지만 일본에 있던 재일동포 1세가 할 수 있는 일은 극히
제한적이었기 때문에 금전적인 지원에 집착했을지도 모른다. 그
들은 항상 자기자신에게 엄격했고, 근검절약의 생활을 고집하면

---

22) 渡辺 学(1956) "朝鮮における「書堂」の展開過程", 「教育学研究」, 第23卷4
　　号, pp.35－40.

서, 악착같이 돈을 모았는데, 그 이유는 고향에 경제적인 지원을
하는 것이 어려웠 적에 조국에서 배웠던 「효윤리」, 즉 출세하고
유명해져서 「혈통적 자존심」을 지키는 유일한 방법이라는 강한
신념이 있었기 때문이었다.

실제로 고철상을 창업한 재일동포 1세도 똑같은 생각을 가
지고 있던 사람들이 많아서 조국과 고향을 위해서 무조건적인
지원을 했던 사례가 많다. 예를 들면, 재일동포가 운영하는 전국
의 폐기물리싸이클업자 중에는 「족보」를 아주 소중하게 생각하
는 회사가 많았다. 「족보」는 중국을 비롯한 동아시아사회에서
편찬해왔던 가계(家系) 기록의 일종이다. 「족보」 편찬이 일반적
이었던 지역은 대만과 홍콩을 포함한 중국뿐만 아니라, 한국, 베
트남, 일본의 오키나와(琉球) 주변이었는데, 지금도 우리나라에서
는 족보가 널리 편찬되고 있다.[23] 지금도 재일동포들이 보관하
고 있는 「족보」에는 자기 자신이 몇 대째 자손이며, 조상들이 조
국에서 어떤 위업을 달성했는지에 대해서, 매우 상세한 정보가
기록되어 있다. 특히 신라, 백제, 고구려, 고려, 조선시대에 나라
를 구한 무사, 저명한 학자, 정치가, 왕족이나 귀족의 자손이라는
것을 큰 자랑으로 생각하고 있었다. 「족보」를 가지고 있지 않더
라도 누구누구의 몇 대째 자손으로, 선조가 태어나서 자란 조국
의 지명을 명확하게 기억하고 있어서, 실제로 먼 친척들이지만
교류를 계속 하고 있는 사람들도 있었다. 재일동포 1, 2세는 자
기 이름을 말할 때, 본과 성, 파와 대까지 말하는 사람도 많다.
예를 들면, "저는 경주 김씨 문선공파의 자손으로 신라의 13대

---

23) 宮嶋博史(2002) "東洋文化研究所所蔵の朝鮮半島族譜資料について", 『明
日の東洋学』, 東京大学東洋文化研究所附属東洋学研究情報センター報, 第
7号, pp.2-4.

「미추왕」, 조선의 「세조대왕」이 선조에 해당합니다"라는 표현을
하는 사람도 드물지 않다.

　「종친회」는 중국인 사회에서 흔히 보이는 부계친족조직인
데, 우리나라에서도 「종친회」 활동은 활발하다.[24] 특히 재일동
포 1, 2세는 「종친회」에 입회해서 조국과 선조와의 관계를 정확
하게 확인하고 싶었던 모양이다. 그들은 그 가계도와 선조의 기
록을 소중하게 간직하는 것에 만족하지 않고, 조상들의 공적이
기록된 역사서, 지도, 신문기사 등을 찾아서 꼼꼼하게 정리, 보관
하고 있었다. 재일동포 1세의 영향으로 2세도 이와 비슷한 경향
을 보이지만, 재일동포 3세 이후로는 가계(家系)의 프라이드는 가
지고 있다고 해도 「족보」나 「종친회」 활동에 대한 애착이 있다
고 보기는 어려울 듯하다.

3.1 죗값과 보은

　재일동포 1세는 일본에 오기 전에 「전통적 가치관」으로서
「효윤리」의 교육을 받았기 때문에 긴 세월동안 성묘를 못한 것
에 대한 죄의식이 매우 강했다. 부모님과의 연락이 끊어진 채,
양친의 임종조차 보지 못한 사람들은, 자기는 친척들을 만날 자
격도 없는 용서받기 힘든 불효자로, 어떤 식으로 죄 값을 치러야
할 것인가에 대해 무척 괴로워 했다.

　고철상의 일이 어느 정도 궤도에 오르고, 안정적인 생활을
하게 됐어도, 절대로 여유 있는 삶을 누리지 않은 채, 소박한 생
활을 하면서 한푼이라도 절약해서 돈을 모았다. 재일동포 1세 중

---

24) 陳　夏晗(2014) "国家による宗親会への管理と利用－1990年代以降におけ
　　る福建省南部の政府の宗親会政策から考える－", 「総研大文化科学研究」,
　　第10号, 総合研究大学院大学文化科学研究科, p.137.

에는 아예 자택을 마련하지 않은 채, 24시간 공장 사무실에서 생활을 하고 있던 사장도 있었는데, 그의 유일한 낙(樂)은 매일 담배(그것도 가장 싸고 독한 담배를)를 한 갑을 사서 피우는 것과 고된 일을 마치고 저녁을 먹으면서 반주(맥주 한잔)를 즐기는 게 전부였다.

한일 국교정상화 이후, 조국과의 왕래가 자유로워지고 나서, 재일동포 1세 사장들은 어느 정도 돈이 모이면 고향에 가서, 극빈생활을 하고 있었던 가족이나 친지들을 찾아서 현금을 나눠주거나, 마을에 다리를 놓아줬으며, 포장이 안 된 자갈길은 포장을 해주고, 더 나아가서는 교실이 없어 공부를 못하는 마을어린이들을 위해 초등학교를 지어서 기부한 사람도 있다고 한다. 이처럼 재일동포 1세들은 자기들이 어떤 행동을 해야 좋을지 판단이 서지 않은 채, 단지 금전적인 지원으로 죗값을 치르고 은혜를 갚았다고 생각했었는지도 모른다. 재일동포 1세가 한국을 방문할 때는 자식들을 데리고 간 경우가 많았는데, 2세들은 영문도 모른 채 아버지와 함께 간 한국에서 자신들은 한 번도 만난 적이 없는 사람들에게 왜 그렇게 큰돈을 나눠줘야 했는지, 일본에서는 그토록 절약을 하던 아버지가 고향사람들을 위해 돈을 펑펑 쓰는 이유를 이해하기 어려웠다고 한다. 하지만, 그나마 이런 행동으로 인해, 긴 세월동안 헤어져있던 가족과 재회할 수 있었고, 누군지도 몰랐던 친족들과의 교류가 시작되었다.

3.2 성묘

위에서 서술한 바와 같이, 유교사상과 서당교육의 영향이 강했던 재일동포 1세는 선조의 성묘를 못했다는 사실을 굉장히 부끄럽게 생각했다. 이는 국가간의 문제로 개인이 해결할 수 있는 문제가 아니었지만, 어떻게 하면 긴 세월동안 성묘를 못한 것을 용서받을 수 있는지, 이 부끄러운 사실을 어떻게 하면 만회할 수 있을지, 또한 경제적인 도움을 주려고 했을 때, 모든 걸 돈으로 해결하려고 한다는 비난을 받지는 않을까 하는 복잡한 심경으로 고향을 방문했을 것이다.

특히 유명한 위인이나 왕족의 자손, 즉 훌륭한 가문 출신으로 자신의 선조와 성씨를 자랑으로 여겼던 재일동포 1세들은, 스스로 「종친회」를 방문해서 교류를 시작한 케이스가 많았는데, 종친회의 조언을 받아가면서, 조상들에게 진심으로 사죄의 마음을 전하고 은혜에 보답할 방법을 찾았을 것으로 생각된다. 특히, 그들은 조상의 위업을 기리기 위해서 고향에 번듯한 기념관을 지어서 기증한다든지, 마을 주민들이 자유롭게 이용할 수 있는 마을회관을 건립한다든지, 조상의 위령제를 지내던 「사당(祠堂)」을 다시 짓는 등, 자신의 발자취를 남길 수 있는 공헌을 하기를 원했다고 한다.

재일동포 1세는 이런 식의 공적을 남김으로서, 조국에 대한 사회공헌활동의 의미를 2세에게도 확실히 전달하고자 했던 것 같다. 재일동포 1세로서 일본 사회에서 성공한 후에도, 자신의 루츠를 잊지 않고 조국에 있는 친족들에 보은을 했다는 것과 자기 자신이 조국의 유명가문의 자손인 것을 일본에 있는 자손들과 후세에도 전해야 한다는 일념으로, 일본에도 커다란 기념비를 건립해서 조상들과 가족의 역사를 남겨 놓은 회사도 있다.

어쨌든 남부럽지 않게 훌륭한 묘를 만들어서 관리하는 것에 대한 집착이 강해서, 본인이 자주 성묘를 가서 직접 관리를 할 수 없다고 해도 고향에 살고 있는 친척에게 관리를 맡기는 경우가 많았다. 그것조차 여의치 않으면 먼 친지나 마을 사람을 선조의 묘 관리인으로 고용했다. 하지만, 불행하게도 묘를 유지 관리하는 데 있어서 크고 작은 금전문제가 끊이질 않았고, 이로 인해 2세, 3세들은 친척들과 거리를 두게 되었다고 한다.

재일동포 1세는 아직 경쟁이 그리 심하지 않았던 시기에, 적은 돈과 좁은 장소에서도 바로 시작할 수 있는 고철상을 시작해서, 기업으로서 성장할 수 있는 토대를 만들었다. 일본사람과 다를 바 없는 외국인, 한국 사람과 일본사람의 중간에 위치한 어중간한 존재였지만, 그들이 정착한 지역 안에 잘 융합하면서 차별과 격차를 극복한 결과, 그 지역에 꼭 필요한 기업으로 인식되기 시작했다. 그들은 조국과 친족에 대한 애착이 극단적으로 강해서, 일본국적을 취득하지 않았고, 한국인이라는 자긍심과 남에게 지기 싫어하는 불굴의 정신력으로 비교적 단기간에 부를 축적했다. 하지만, 「전통적인 유교적 가치관」이 너무 강했던 것과 금전적인 보은을 강조한 탓에 오히려 조국과의 관계가 그리 편치는 않았을 거라고 생각한다. 재일동포 1세가 만든 고철상의 희생정신과 노력이, 나중에 비즈니스면에서 2세와 3세가 한국과 편한 관계를 가질 수 있는 가교 역할을 했지만, 이를 위해서 노력한 1세들의 고생과 희생이 세상에 많이 알려져 있지 않은 것은 안타까운 일이다.

한국에서 태어나서 자라왔고, 유교적인 교육을 받았으며, 모국어를 기억하고 있어서, 조국에 대한 마음이 남달랐던 재일동포 1세, 그런 마음이 강했던 그들은, 마음을 열고 일본 사회에 편하게 동화하는 것이 어려웠고, 이방인으로서 일본어가 외국어일 수밖에 없었던 그들은, 마이너리티로서 일본사회의 신용을 얻기가 쉽지 않았다. 그런 그들이 일본사람들의 도움을 받으면서 고철상으로서 어떻게 성공할 수 있었을까? 먹을 것이 없어서 극빈생활을 할 수밖에 없었던 전후의 일본사회에는 외국인, 이방인, 이민, 난민이라는 개념보다는 같은 인간으로서 열심히 노력하는 자들을 응원하고 서로 돕는 것이 중요하다는 게 공통인식이었을지도 모르겠다. 재일동포 1세들에게는 차별을 받은 기억이 선명하게 남아있지만, 그들이 말해 준 스토리의 대부분은 지역주민들, 지역기업들과 좋은 관계를 구축하고 있었다는 얘기였다. 이런 관계를 만들 수 있었던 것은 힘든 일을 마다하지 않고 밤낮으로 중노동을 하면서 근검절약을 하며, 마을의 일원으로서 융화되려고 노력했던 결과였을지도 모른다. 재일동포 1세는 돌아갈 수 없는 조국에 대한 애정에 지지 않을 정도로, 앞으로 자신의 자손들이 살아가야 할 일본에 대한 애정 또한 절실하고 각별했던 것이다.

제3장

고철상에서 리싸이클기업으로
: 경제성장과 더불어

　　재일동포가 운영하는 폐기물리싸이클회사는 1945~1960년대에 창업한 곳이 많았는데, 6.25전쟁 특수, 일본의 고도경제성장과 함께, 회사규모를 키웠다고 해도 과언이 아니다. 그 후 수차례에 걸친 세계적인 경기불황과 회복, 우리나라의 눈부신 경제발전과 서울올림픽, 그리고 중국경제의 급성장과 북경올림픽, 두 번의 동경올림픽, 게다가 고베지진, 동일본 대지진, 쿠마모토지진 등 상상을 초월하는 자연재해의 발생 등, 시대의 변화에 따라 정맥산업의 지위와 역할은 시시각각으로 변해왔다.

1. 일본의 정맥산업

1.1 고물상·고철(철스크랩)관련업

　　재일동포의 고물상, 고철상, 스크랩상 등의 창업은 1960년대가 피크였다. 일본 경시청통계의 의하면, 일본의 정맥산업 관련업종은 제1차 세계대전(1914~1918) 이전부터 증가했는데, 1918년의 물가폭등과 함께 고철, 폐지가격도 급등해서, 이 해를 기점으로 관동대지진(1923)이 발생할 때까지 감소했다(그림 3-1). 전

그림 3-1　동경 시내의 고물상 수의 추이[2]

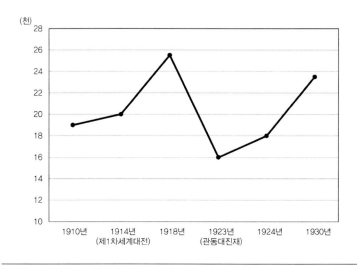

쟁 중이었던 1917년에는 「제철업장려법」과 같은 우대정책에 따라 민간제철소가 급증했지만, 급속한 고철수요증가를 외국에서 수입하는 고철만으로는 대체할 수 없어서, 시중에서 발생하는 고철가격이 급등했고, 고철관련업은 제철산업의 발전, 국내비축량 확대에 중요한 역할을 하면서 성장했다고 할 수 있다.[1]

1.2 패전직후의 제철소와 고철수집

일본의 제철공장은 미군의 전략적 폭격목표였을 가능성이 매우 높았음에도 불구하고, 실제로는 그다지 큰 피해를 입지

1) 稲村 光郎(2012) "大正9年「国勢調査職業名鑑」にみる再資源化関連業と近代産業", 「第23回廃棄物資源循環学会発動講演集」, doi.org/10.14912/jsmcwm.23.0－155

2) 各年度「警視庁統計書」

않았다. 물론, 무장해제의 일환으로 주요 제철회사의 병기고철화
와 해체작업이 시작됐지만, 금속회수통제회사와 산하의 회수집
단은, 이런 상황에서도 전쟁 스크랩의 처리와 잔무정리를 계속했
다고 한다.[3] 전후, GHQ의 통제에 의한 고철업은(1945~1947), 전
쟁 폐허로부터 발생한 고철을 모으는 정도였기 때문에 공장의
제조활동에서 발생하는 철스크랩을 회수, 판매하는 일반적인 고
철업이 아니었다. 한편, 1948년에 미국의 점령정책이 바뀌면서,
미국은 대일배상방침을 「비군사화」가 아닌 「자립경제」 촉진으로
결정하고, 대일배상안을 일본경제 부흥안으로 변경하려고 했다.
또한, 1949년 5월, 극동위원회의 미국대표 F·맥코이(France
R.Mccoy)소장은, 「중간배상철거중지」의 성명을 발표하고, 대일배
상을 끝낸다고 명언했다.[4]

　　1950년에 6.25전쟁이 발발하면서, 제철과 고철업은 큰 전기
를 맞는다. 전쟁에 의한 미군 특수는 드럼통, 선반, 트럭, 기계류
등의 철강제품의 수요가 많아서, 전쟁 개시 후, 3개월간의 수주
액을 보면, 강재 5만 3천 톤, 2차 제품 2만 5천톤(합계 7만 8천톤),
연간 40만 톤에 달했다. 미국뿐만 아니라, 다른 나라로의 수출도
증가해서 철강, 고철관련업자들은 단기간에 막대한 이익을 얻었
다고 한다.[5] 하지만, 계속 증가하는 해외의 고철수요에 비하면,
일본 국내에서 발생하는 고철량은 극히 적었다. 고철수요는 395

3) 富高 幸雄(2013)『日本鉄スクラップ史集成』, 日刊市況通信社, pp.103-104.
4) 王 広涛(2016) "日本の戦争賠償問題 対中政策", 「法政論集」, 267号, 名古
　　屋大学法学研究科紀要, p.46. 「중간철거배상」은 군수공장의 기계 설비나 중
　　기 등, 일본 국내의 자본설비를 철거해서 전시에 일본이 지배했던 나라에 이
　　전, 양도하는 전쟁배상을 말한다.
5) 富高 幸雄(2013)『日本鉄スクラップ史集成』, 日刊市況通信社, pp.113-114.

만 톤이었지만, 연간 고철 발생량은 약 46만톤에 지나지 않았기 때문에, 철강연맹은 「고철확보 대책위원회」를 설립해서 ① 국내 고철의 재고량조사, ② 동남아시아각국에 고철조사단 파견, ③ 고철통제가격의 폐지, ④ 남방수역의 전시침몰선조사, ⑤ 고철 규격개정 등을 제안했다.[6]

1.3 재일동포와의 관계

6.25전쟁 발발 후, 일본의 사회, 경제상황이 급변했는데, 고철업의 사업환경도 크게 개선되면서, 특히 이미 고철상을 운영하고 있었던 재일동포들은, 기업으로서 성장할 수 있는 토대를 만드는 기회를 얻을 수 있었다. 필자가 조사한 재일동포회사 중에는 1920~1930년대에 창업한 회사가 3곳 있었는데(큐슈·시코쿠·츄부), 3곳 모두 6.25전쟁의 특수로 성장하면서 회사의 규모를 키웠다.

특히 제철소가 있던 지역은 경제적으로 활기를 되찾아서, 당시의 재일동포들 중에는 스크랩야드에서 자석으로 고철덩어리를 찾아낸 후에 망치로 부숴서 고철을 수집, 운반한 사람들도 있었다고 한다. 고동원(2010)의 기록을 보면, P씨는 전후, 가와사키시에서 큰 업체에 일정량의 철스크랩을 납품하는 고철상을 시작한 재일동포인데, 그는 "못 하나부터 고철까지, 전후에 재일동포들이 모은 고철량은 헤아릴 수 없을 정도로 많았다"고 회고했다고 쓰여 있다.[7]

---

6) 富高 幸雄(2013)『日本鉄スクラップ史集成』, 日刊市況通信社, p.116.
7) 高 東元(2010), "鋼鉄は如何にして~在日を支えた鉄鋼・スクラップ業~", 「在日商工人100年のエピソード」パート5, 在日韓国商工会議所会報『架け橋』, 141号, http://www.hyogokccj.org/?p=599

　　1951년 3월말, 고철가격 통제정지로 13년 만에 고철의 구매
가 자유롭게 이루어지는데, 시중가격은 한꺼번에 톤당 2만 4천
엔까지 상승했다. 당시, 목수의 월급이 5,400엔 정도였으니까, 고
철 1톤은 목수 월급의 약 4배가 넘는 가격이었다.[8] 우연인지 몰
라도 2019년 11월 시점의 철스크랩의 가격도 약 2만 4천엔이었
다.[9] 그러나, 2019년의 목수 평균월급은 약 30만엔으로,[10] 작년
의 철스크랩 가격은 목수 월급의 8% 정도라고 할 수 있다. 당시
의 물가수준을 고려하면, 전후의 고철가격은 엄청나게 고가였으
며(현재 가치의 100배 이상?), 고철상을 시작하는 재일동포들도 눈
에 띄게 늘기 시작했다. 종전 후, 스미다가와(隅田川)의 스미다공
원에는 폐품, 고철회수를 하는 사람들이 모여 사는 곳을 「개미마
을」이라고 불렀는데,[11] 그 안에도 재일동포들이 있었다고 한다.
그리고, 필자가 조사한 폐기물리싸이클업자 중에는 1952~1955
년에 창립한 회사도 4군데나 있었는데, 지역별로는 도호쿠(東北),
칸토(関東), 츄부(中部), 칸사이(関西) 등 폭넓은 지역에 분포해 있
었으며, 이 시기에 각사의 실적이 크게 좋아졌다. 어쨌든 전후
조국으로 돌아가지 못한 재일동포들은 일본정주를 위한 생활기
반을 만들기 위해서 뭐든지 직업을 가질 수밖에 없었는데, 외국
인은 취직할 곳을 찾기가 정말 어려운 시기였다. 전후의 「금속회
수령」폐지에 따른 고철업의 자유화, 그리고 6.25전쟁 발발 후의
경제특수에 의한 철스크랩업계의 급성장은, 재일동포뿐만 아니

8) 富高 幸雄(2013) 『日本鉄スクラップ史集成』, 日刊市況通信社, p.118.

9) 一般社団法人 日本鉄リサイクル工業会, https://www.jisri.or.jp/kakaku

10) 年収ガイド, https://www.nenshuu.net/

11) 「アリの街のマリア」賛美歌で追悼 戦後の隅田公園で奉仕 北原怜子さん」,
　　東京新聞, 2019년 1월 24일자

라, 일본 국내의 스크랩업자들에게도 수십년에 한 번 올까 말까
하는 빅 찬스였다.

　한편, 키무라(2012)에 의하면,[12] 전쟁 전부터 일본의 고물상
은 이미 재일동포의 존재감이 컸기 때문에, 「금속회수령」이 발
효된 1941년부터 고도경제성장기까지는 오히려 재일동포의 활동
이 그다지 활발하지 않았다고 기록하고 있다. 1939년의 부현(府
県)별 고물상업자수를 보면, 효고(兵庫)현, 교토(京都)부, 나라(奈
良)현, 와가야마(和歌山)현, 야마구치(山口)현의 재일동포 고물상은
약 20%를 넘기고 있다. 전술한 것처럼, 전후에 폐품수집에 조사
하고 있던 노동자의 10분의 1은 한국인이었는데, 1959년 1월 18
일에 NHK에서 방영했던 『일본의 맨 얼굴, 일본 중의 한국』이라
는 프로그램[13])에서는 한국인의 직업에 관해 「겨우 남겨진 직업
의 루츠」가 「넝마주이」라는 표현을 쓰고 있는 걸 보면, 1930년
대부터 1950년대 말까지 재일한국인은 고물상, 고철상을 포함한
하위계층의 이미지가 강하게 남아 있었던 게 아닐까 생각한다.
그러나, 1939년에 발행된 「일본실업상공명감(폐품판)」에 실려 있
는 「고물상」업자 중에 재일동포의 비율이 전국 평균 약 11%였던
사실을 고려하면, 1941년의 「폐품회수령」 이전의 재일동포 고물
상의 활동이 더 활발했다고 볼 수 있다(그림 3−2과 그림 3−3). 다
시 말하면, 「폐품회수령」의 발효로 재일동포의 고물상경영이 제
한되기 시작했다는 것이다.

---

12) 木村 健二(2012), 「第1章 在日朝鮮人古物商の成立と展開」, 『在日コリア
　　ンの経済活動(李 洙任編著)』, 不二出版

13) 丁 智恵(2013) "1950〜60年代のテレビ・ドキュメンタリーが描いた朝鮮
　　のイメージ", 「マス・コミュニケーション研究」, 日本マス・コミュニ
　　ケーション学会, No.82, pp.120−124.

그림 3-2 부현별 「고물상」 업자수(1938년)[14]

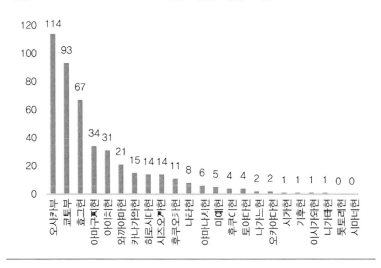

재일동포가 운영하는 고물상 수는 오사카(大阪)부(114사), 교토(京都)부(93사), 효고(兵庫)현(67사), 야마구치(山口)현(34사), 아이치(愛知)현(31사)의 순인데, 전체업자수에 대한 재일동포의 비율은 야마구치현이 가장 많았고(32.4%), 교토부(27.6%), 와카야마현(22.1%), 히로시마현(21.9%), 나라현(19.5%)의 순이었다. 재일동포가 많았던 오사카의 경우, 업자 수는 많지만, 평균적인 비율(10.3%)이었다고 할 수 있다. 그 외에 야마나시(山梨)현, 후쿠오카(福岡)현, 효고(兵庫)현, 시가(滋賀)현 등도 평균을 상회하고 있었다. 즉, 1930년대까지 재일동포의 고물상은 야마구치현, 교토부, 효고현을 중심을 활동하고 있었던 것이다.

1950년대에 적은 자본만으로도 시작할 수 있고, 현금장사인

---

14) 木村 健二(2012), 「第1章 在日朝鮮人古物商の成立と展開」, 『在日コリアンの経済活動(李 洙任編著)』, 不二出版 p.25를 참조해서 작성

그림 3-3   부현별 재일동포 고불상수의 비율(1938년)[15]

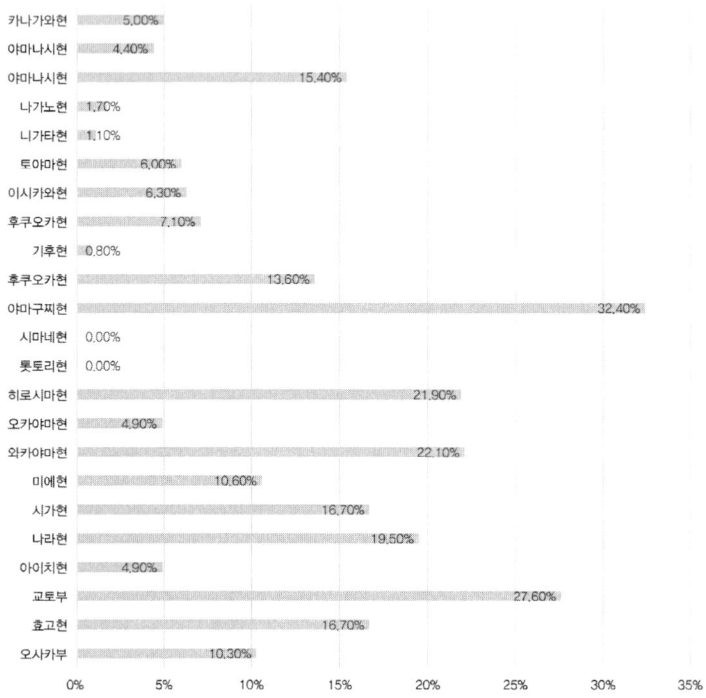

고물상, 고철상은 마이너리티인 재일동포로서는 유일하게 계속
할 수 있는 장사였다고 해도 과언이 아니었다. 특히 5명 이하의
종업원, 또는 가족을 중심으로 필사적으로 일한 결과, 고철회수
업에서 큰 역할을 할 수 있었다. 전시 중에는 고물상으로서의 기
능이 거의 멈춰져 있었지만, 이들은 이미 전쟁이 시작되기 전에
각 지역에서 고물상 일의 기반을 다졌고, 관계업자들과의 네트워

---

15) 木村 健二(2012),「第1章 在日朝鮮人古物商の成立と展開」,『在日コリア
     ンの経済活動(李 洙任編著)』, 不二出版 p.25을 참조해서 작성

크가 구축되어 있었을 가능성이 높다(그림 3-2, 3-3). 재일동포 각사의 취급량은 적었을지 모르지만, 전체 고철회수량은 무시할 수 없는 상황이었다. 당시의 상황을 얘기해 주신 재일동포 2세 사장은, 밤낮을 가리지 않고, 회사에서 멀리 떨어진 곳까지 영업을 가서는, 인력으로 나르기 어려운 고철 덩어리를 현지에서 해체하거나 절단한 후, 무리를 해서라도 운반했다고 했다. 이렇게 하면 전체적인 구매, 가공, 운반비용이 절약되니까, 한 푼이라도 더 벌겠다는 맘으로 트럭의 적재적량은 무시한 채, 매일 과적상태로 물건을 날랐다고 한다.

토미다카(2013)는 저서에서 금기라고 하면서도, 다음과 같은 기술을 하고 있다.[16]

'재일한국인은 일본에서 말단의 고철유통을 장악하고 있었다. 그 광경은 고철이 절대적으로 부족한 상황에서 전후 복구의 중심이었던 철강생산(당시, 「철은 국가」였다)과 고철 카르텔의 결성을 서둘렀던 일본 정부와 철강회사의 입장에서 보면, 그들은 「잠재적인 위협」으로 느껴졌다.'

특정국가의 외국인을 지목하는 것은 아니겠만, 재일동포가 경영하고 있던 고철상과 취업자 수, 취급량이 늘어가면서, 그들이 고철시장에 미치는 영향이 커졌기 때문에 그들을 견제할 수 있는 수단이 필요하게 됐다고 생각한다. 결국, 1955년 4월에 「고철 카르텔」이 인가되었고, 이에 대항하기 위해서「일본고철연맹」

---

16) 富高 幸雄(2013)『日本鉄スクラップ史集成』, 日刊市況通信社, p.604.에서 인용

이 결성되었다.17) 이 조직은 고철수집량이 적은 소규모업자들이 중심이 되었기 때문에, 재일동포업자들이 많았다는 것은 쉽게 상상할 수 있다. 다음 해인 1956년에는 가나가와(神奈川)현, 사이타마(埼玉)현, 토쿠시마(德島)현에서 「금속영업조례(엄격한 허가제)」를 제정했으며, 홋카이도(北海道), 후쿠오카(福岡), 오사카(大阪) 등 전국 29개 지자체도 도입했다. 이처럼 카르텔에 의한 고철의 유통구조정비, 지자체의 영업조례에 의한 법적관리와 감독이 이루어졌다.18)

즉, 전후의 「금속회수령」폐지에 의한 자유화, 한국특수로인한 철스크랩 가격상승은 일본기업들에게는 큰 기회였고, 국가기간산업인 철강산업의 성장에도 공헌하는 조치로 주목을 받았다. 결국, 「고철카르텔」과 각 지자체의 「금속영업조례」제정이 계속되면서, 재일동포가 운영하는 고철상은 보이지 않는 커다란 벽에 부딪히게 되었다. 하지만, 이러한 사업환경악화에도 불구하고 그들은 착실하게 존재감을 키우고 있었다. 재일동포들은 이에 개의치 않고, 지금까지 힘든 고생을 묵묵히 견뎌왔듯이, 이 어려운 시기를 잘 감내하면서, 변함없는 자세로 착실하게 정맥산업의 비즈니스 기반을 다져나갔던 듯하다. 사실 재일동포회사들은 경제적 기반이 약할 뿐만 아니라. 은행에서 융자도 받기 어려운 상황이었다. 분명히 전후의 경제특수는 다시 만나기 어려운 큰 기회였지만, 자신들의 열악한 사업환경을 생각하면, 반대로 일본 기업들과의 치열한 경쟁에 적극적으로 뛰어드는 것보다 신중하게

---

17) 呉 圭祥(1992) 『在日朝鮮人企業活動形成史』, 雄山閣出版, pp.604－606.
18) 富高 幸雄(2017) 『日本鉄スクラップ業者現代史』, スチール・ストーリ JAPAN, pp.54－55.

관망하는 것이 현명하다고 판단했을지도 모른다. 아무튼, 재일동
포들은 여러가지로 규제와 제한이 많았던 이 시기를 잘 넘긴 후,
일본의 고도경제성장기와 함께 다시 전환기를 맞이하게 된다.

2. 일본의 경제발전과 함께

　이 책에서는 전술한 카르텔이나 조례제정의 움직임과 그
영향에 대해서 구체적으로 언급하지 않았지만, 결국 일본의 통
산성(지금의 경제산업성)과 재벌철강회사가 독점금지법을 개정하
면서까지 강행했던 고철카르텔은, 1974년 10월에 19년 6개월,
15번 234개월로 끝났다. 고철은 당시 일본의 철강원료의 8할을
차지하고 있었는데, 제철방식이 바뀌면서 더 이상 고철에 의존
할 필요가 없어졌고, 이에 따라 고철은 국가전략물자의 대상도
아니게 되었다.[19] 그럼, 이 시기에 재일동포기업들은 어떻게 성
장했는지 고찰해 보자.

　1941년까지는 재일동포가 운영하는 고물상이 활발하게 영
업을 했다는 기록이 있었지만, 전쟁 중에는 그 규모를 축소하지
않을 수 없었다. 전후에는 살아남기 위해서 고철상을 시작한 사
람들이 늘었고, 6.25전쟁 발발 직후, 사업확대에 성공한 회사도
있지만, 각종 규제로 기업을 키우는 것이 용이하지 않았다. 이번
조사대상을 창립시기와 사업내용으로 구분한 후, 고철의 통계자
료와 비교분석해 보면, 다음과 같은 사실을 알 수 있다.

　단순하게 생각해보면, 전후, 폐품회수의 자유화와 6.25전쟁
의 특수라는 호재가 있었다고 한들, 약 20년간의 고철카르텔과

---

19) 富高 幸雄(2013) 『日本鉄スクラップ史集成』, 日刊市況通信社, p.291.

지자체의 조례제정이라는 악재가 겹치면서, 마이너리티인 재일
동포들은 자신들에게 비즈니스 찬스가 찾아왔다는 생각을 가지
기 어려웠을 것이다. 그리고, 「폐품회수령(1941년)」이 발효되기
전에 설립한 재일동포의 고물상과 고철상은 커다란 찬스와 거대
한 장벽이 동시에 나타난 것과 다름없었다. 그러나, 이들은 전후
에 폐품회수를 시작한 사람들과는 전혀 다른 입장이었기 때문에
새로운 사업 전략을 세울 수밖에는 다른 선택이 없었다.

2.1 유연한 대응(귀화와 다품목화 : 1920년~1940년 창업)

1930년대에 창업한 L사의 경우, 1950년대 초에 일본 국적을
취득했으며, 고철회수와 가공에 집착하지 않고, 폐유리의 용융과
병제조까지 사업을 확대하는 등, 시대의 변화에 유연하게 대응해
가면서 지역기업으로서의 지위를 굳건하게 다졌다. 이 회사는 비
교적 이른 시기부터 폐품회수와 가공을 해 왔음에도 불구하고,
본격적인 금속스크랩의 가공을 시작한 것은 일본의 고도경제성
장기가 끝나려고 하고 있던 1973년이었다. 그러나 이미 철스크
랩회사로서의 실적이 충분했기 때문에, 1975년에는 「사단법인
일본고철공업회」의 발기 멤버로서 참여할 수 있었다. 일본고철
공업회는 현재의 「일본철리싸이클공업회(1991년)」의 전신인데,
주요 회원들은 철스크랩 전문업자들과 상사들로 구성되어 있다.
「일본철리싸이클공업회」는 2019년 12월말 현재, 정회원 721사
(전업705, 상사15, 해외1), 등록사업소 179사업소(전업142, 상사37)로
구성되어 있는데, 지구환경문제를 중시하고 시대변화에 신속하
게 대응하면서, 리싸이클활동을 통해서 사회에 공헌하는 것을 목
적으로 하고 있다.[20] 또한, 이 공업회는 국제교류활동도 적극적
으로 전개하고 있는데, 매년 개최되는 국제회의에는 한국에서 오

는 참가자도 많다. 참고로「일본철리싸이클공업회」의 국제네트워크 및 지부활동은 재일동포 철스크랩회사의 사장들도 중심적인 역할을 하고 있다.

1920년대에 창업한 E사는, 창업 당시부터 고철에 집착하지 않고, 철, 비철, 폐지를 중심으로 균형잡힌 경영을 해 왔다. 창업이 빨랐던 만큼, 고물상 및 고철상으로서 성장하기 위한 노하우도 있었고, 시대변화에 어떻게 대체해야 하는가에 대해서도 날카로운 판단력이 있었을 것이다. 그다지 인구가 많지 않은 지역에 입지하고 있어서, 동업자간의 경쟁은 심하지 않았지만, 전쟁 중의「폐품회수령」및 전후의 고철카르텔의 움직임을 발빠르게 탐지해서, 철, 비철, 폐지 중심의 삼각형 사업구조를 과감하게 폐지 중심으로 바꾸면서 일본 회사들과의 치열한 경쟁을 피할 수 있었다. 1950년대부터 1960년대까지의 리싸이클은 고철 중심이었다고 해도, 비철과 폐지에도 충분한 찬스가 있었기 때문에, 다음 기회가 찾아올 때까지 고철에 연연하지 않는 자세가 지속적인 회사경영과 성장을 유지하는 열쇠가 되지 않았을까 생각해 본다. 이런 연유에서일까? E사의 창업자는, L사와는 달리, 고철에 집중하는 영업전략을 책정하지 않았고, 일본국적을 취득하려고도 하지 않았다는 것이 흥미롭다.

2.2 신용과 신뢰(기술력과 직납 : 전후~1960년 창업)

전술한 D사는, 우연히 만난 일본사람의 지원과 협력으로 일본 패전 직후인 1946년에 창업했는데, 1960년대부터 본격적인 고철가공처리를 시작해서 지금도 철스크랩업자로서 활약하고 있

20) 社団法人日本鉄リサイクル工業会, https://www.jisri.or.jp/

다. 이러한 성장은 사업 파트너가 일본사람이었다는 게 큰 힘이 되었을 거라고 생각된다. 일본사람이 공동경영자라면, 재정적인 면뿐만 아니라, 거래처 확보, 행정적인 일처리에서도 다른 재일동포 스크랩업자들과는 비교도 안 될 만큼 사업환경이 좋았을 것이다. 게다가 창업 후에 보인 근면하고 정확한 일 처리는 짧은 시간에 동업자 간의 신용도 얻을 수 있었다. 1970년대에 공장 안에 국철의 화차전용선을 끌어올 수 있었고, 최신의 대형설비를 도입했다는 것은 고객들이나 사업 파트너(은인)뿐만 아니라, 금융기관의 신뢰도 두터웠다는 걸 상상할 수 있다.

1952년에 창업한 G사는, 창업 3년 후에 프레스기를 신설할 정도로, 고철카르텔이나 지자체의 「금속영업조례」와는 관계없이, 6.25전쟁의 특수를 누리면서 순조롭게 성장했다. 그리고 창업 7년째에는 대형제철회사의 직납중개업자가 되어, 회사 규모를 확대했다. 재일동포가 운영하는 스크랩회사 중에는 이처럼 1950년대에 재벌 제철회사의 직납업체가 됐다는 것은 매우 드문 경우지만, 이 회사는 현재도 복수의 제철회사와 긴밀하게 연계하고 있다. 아마도 창업 전부터 개인 고철상으로 활약을 하고 있었기 때문에, 고철수집능력과 납품실적을 지역의 제철회사로부터 높이 평가받았을 것이다. 어쨌든 한국인업자였음에도 불구하고, 대기업의 확실한 신뢰를 바탕으로 당시는 모두 부러워하던 직납업체라는 지위를 얻은 것이다. G사가 입지해 있는 지역은 재일동포 정주자가 많아서, 고철카르테의 영향이 컸던 데다, 일찌감치 지자체의 금속영업조례가 시행된 곳이기도 해서, 이런 성장과정을 가지고 있다는 것은 놀랄 만한 일이다.

같은 해에 창업한 M사의 경우, 창업 전부터 조선소와의 거래가 있어서, 비교적 대형제강회사와의 관계가 좋았다고 한다. 철스크랩을 원료로 하는 전기로의 부산물, 폐기물 처리를 도와주면서, 제철회사에 자유롭게 드나들 수 있었는데, 1960년대부터 전기로 메이커의 광재(鑛滓: 슬래그) 처리를 맡는 등, 독자의 기술과 서비스를 제공함으로써 대기업과의 신뢰관계를 구축한 것이다. 이 회사는 지금도 대형제철회사의 부지 내에서 제철공정에서 발생하는 부산물을 재자원화한 후, 제철프로세스에 재투입해서 자원절약과 환경오염방지, 이산화탄소 배출감소에 크게 공헌하고 있다.

또한, 1955년에 창업한 C사는, 위에서 언급한 G사와는 달리, 인구가 많은 대도시나 대규모 제철공장에 입지한 것도 아니었지만, 일본의 고도경제성장과 함께 착실하게 성장해 온 회사다. 회사가 지방중소도시에 입지했기 때문이라고도 할 수 있는데, 비교적 고철카르텔의 영향이 미치지 않았고, 지자체도 금속영업조례를 시행하지 않았다. 1960년대에 들어서면서 국가주도의 대형공공사업이 활발하게 진행되었고, 이들 사업으로 각종 대형스크랩이 발생하기 시작했는데, 이 회사는 이 기회를 적절하게 이용해서, 대량으로 발생하는 복잡하고 처리하기 어려운 스크랩을 신속하게 운반, 처리, 가공하는 업자로 주목받았다. 이 회사는 20년이 넘게 걸린 대형공공사업의 은혜를 입으면서, 철스크랩의 취급량과 회사규모의 확대에 성공했다. 고도경제성장기가 끝날 무렵(1973년)에는 자사의 철스크랩 가공공장을 개설해서, 대형상사의 대리점의 지위도 얻었다. 시골의 스크랩업자는 도시건설이나 공업단지개발과 함께 성장하는 경우가 많지만, 창업 당시의 C사는 국가프로젝트인 대형공공사업(토목공사)과 함께 성장했다고 할 수 있다. 특히 높은 기술력을 바탕으로, 대량으로 발생하는 철스크랩을 정확하게 처리, 가공, 판매해 온 실적은 높은 신용력을 만들어 냈고, 본격적인 리싸이클 공장개설과 동시에 대형 상사로부터 변함없는 신뢰를 얻어낸 것이다.

2.3 고철상에서 전문업자로(1960년대 말부터 1970년대 초)

1967년에 창업한 H사와 1974년에 창업한 F사의 경우, 소위 고철상을 중심으로 한 사업과는 성격이 조금 다른 기업이다. 두 회사 모두 최종처분장(매립지)를 가지고 있었던 관계로, 산업폐기물처리업자로서 성장했는데, 폐기물의 자원가치에 주목했다기보다는, 말 그대로 폐기물을 적정하고 무해한 상태로 만들어서, 안전하게 매립하는 것이 주된 일이었다. 또한, 선대가 운영해왔던 고물상이나 고철상을 물려받은 게 아니라, 지인들이 의기투합해서 회사를 만들었거나, 재일동포 2세가 독자적으로 사업을 전개한 경우라서, 폐기물처리나 리싸이클뿐만 아니라, 보다 폭넓은 환경 비즈니스까지 사업을 확장해 가면서, 관련업체의 인수,합병을 추진했다는 점이 특징이다.

고철상으로서는 후발주자라고도 할 수 있지만, 폐기물의 적정처리를 중심으로하는 비즈니스로 시대 변화를 잘 읽어냈기 때문에, 철스크랩에만 집착하지 않고, 수익성이 높은 산업폐기물처리, 재생에너지사업, 폐기물발전(고형연료화, 바이오매스발전), 건물해체와 건설폐기물처리 등 사업의 효율성을 추구했다. 물론, 비즈니스 전체로 봤을 때는 철스크랩사업부문도 중요한 부분을 차지하고 있지만, 경제발전과 공업화, 도시화가 진행됨에 따라, 처리곤란한 폐기물의 발생량이 급증하게 되었고, 고층빌딩과 아파트가 계속 늘고 있다는 것은 장기적인 시점에서 보면 대도시 속

에 잠재적인 자원이 축적되고 있다는 것을 말한다. 일본의 고도
경제상장기에 경쟁적으로 지어진 각종 건물들은 지금부터 해체
시기를 맞이하게 된다. 건물 외에도 각종 사회기반시설, 플랜트
및 기계류, 전기통신설비, 중장비, 자동차, 텔레비전, 세탁기, 에
어컨, 냉장고, 컴퓨터, 휴대전화나 스마트폰 등, 도시광산으로서
의 잠재력이 매우 높다. 이처럼 다른 업종과의 연계를 통한 신규
비즈니스의 추진은 회사 규모확대와 성장의 원동력이 되었으며,
정맥산업으로는 드물게 두 회사 모두 상장기업으로 성장했다.

3. 철스크랩과 재일동포기업

3.1 시대 변화와 철스크랩의 시황

　　앞서 말한 것처럼, 재일동포에 의한 정맥산업의 태동은
1920년대까지 거슬러 올라갈 수 있지 않을까 생각된다. 이번 조
사에서도 1920년대부터 철, 비철스크랩, 폐지회수와 판매를 해
온 회사가 있을 정도로, 꼭 종전 후에 설립한 회사가 많은 것만
은 아니다. 1951년부터 1961년까지 철스크랩의 가격은 높은 수
준을 유지하지만, 고도경제성장기에는 철스크랩 소비량은 늘었
어도 가격은 전후 복구기에 못 미쳤다. 2번의 오일쇼크 전후에
(1972년과 1978년)에 일시적으로 철 스크랩가격이 올랐지만, 2001
년까지는 계속 가격이 하락했고, 철스크랩의 수요도 큰 변화가
없었다. 고도경제성장기와 버블경제기는 전체적인 경기가 좋았
다고 해도, 두 시기 모두 철스크랩가격이 낮은 편이었으며, 버블
경제기는 철스크랩의 소비가 오히려 줄었다.

---

21) 日本鉄源協会, 通産省, 鉄リサイクル工業会; 富高 幸雄(2013)『日本鉄ス

그림 3-4 철스크랩 가격과 소비량의 추이[21]

2000년대 초에는 철스크랩의 역유상(逆有償), 불법투기가 우려될 정도로 시황이 나빴지만, 중국의 경제발전과 북경올림픽개최에 따라 철스크랩의 수요가 급증하는 바람에 당시의 스크랩 가격은 전후 최고 수준에 달했다. 2008년 여름에는 톤당 가격이 약 7만엔까지 상승해서, 연평균가격이 4만 4천엔이었다. 그러나 올림픽 직후, 리먼쇼크의 영향으로 철스크랩의 시황도 폭락하면서, 2009년의 연평균가격은 약 2만 2천엔까지 떨어졌다. 동일본 대지진과 쿠마모토 지진발생으로 일시적인 가격상승이 있었으나, 그 후로는 2만엔~3만엔을 유지하고 있다(그림 3-4).

앞서 살펴본 것과 같이 재일동포가 운영하는 스크랩업자들은, 전후의 고철업 자유화에 기대를 했지만, 자유화의 은혜보다는 규제와 경쟁의 벽에 부딪혀서, 철스크랩 가격이 좋지 않았던

1960년대까지 철스크랩업계에 본격적으로 뛰어드는 것을 주저하고 있었던 걸 알 수 있다. 또한 일찍부터 고철상을 운영해왔던 회사들은 철스크랩 이외의 스크랩에 주력해서, 큰 제철소, 주변의 유력기업들과의 연계를 강화하는 방법으로 성장의 기반을 다지고 있었다. 엄격한 규제와 관리, 감독하에서, 일본 기업들과 경쟁을 하기보다는 독자적인 기술과 노하우, 영업, 판매능력을 키우는 것이 유리하다는 판단을 한 것 같다. 철스크랩의 수요가 늘고 판매가격이 높았던 시기보다는 수요가 격감해서 가격이 폭락했을 때, 적극적으로 스크랩을 구입해서, 시황이 회복된 시점에 비싸게 판매함으로써 보다 높은 수익을 얻었다는 증언도 있었다. 실제로 오일쇼크, 리먼쇼크 등 일본 기업들이 고전을 면치 못하고 있을 때, 재일동포기업들은 지금까지도 그랬듯이 강한 인내심을 가지고 힘들고 어려운 상황을 슬기롭게 극복했던 것이다.

한편, 한 때는 고철카르텔이 시행될 정도로 국가전략물자로서 주목을 받던 철스크랩도, 1974년에 카르텔이 소멸된 후에는, 스크랩가격도 낮은 수준을 유지하고 있었다. 시장원리에 근거해서 움직이는 시황이라면, 고도경제성장기나 버블경제기와 같은 호경기에는 시황이 회복돼야 하는데, 이런 상관관계가 있었던 것도 아니었고, 오히려 오일쇼크, 세계적인 경제위기, 지구환경문제, 대규모자연재해 발생과 같은 복잡한 문제에 대처해야 하는 상황이었다(그림 3-4).

실제로, 전후의 스크랩가격은 스크랩 소비량과의 상관이 잘 나타나지 않았는데, 철스크랩가격이 낮은 수준이었던 버블경제기(1987~1992)부터는 어느 정도 상관관계가 보이기 시작했다(그림 3-5). 이 시기는 성인이 된 재일동포 3세들이 조금씩 경영에 참여하기 시작한 시기인데, 지금까지의 경영방침에 변화가 생긴

그림 3-5 버블경제기의 철스크랩 가격과 소비의 관계[22](단위: 천톤)

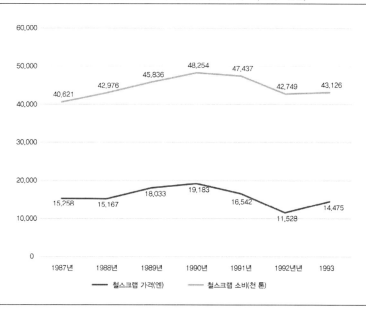

시기이기도 하다. 선대가 피눈물나는 노력으로 설립한 회사를, 무슨 수를 써서라도 지켜야겠다는 생각뿐이었던 재일동포 2세들은 체계적으로 고등교육을 받은 사람이 드물어서, 자신의 경험과 신념, 예리한 감각만으로 회사의 경영방침을 정할 수밖에 없었다. 한편 재일동포 3세는 대학졸업 후에 회사에 입사해서, 대학에서 배운 최신 경영수법을 도입하는 것과 동시에 다양하고 폭넓은 인맥을 구축했다. 재일동포 3세 중에는 유학파나 명문대학 출신자도 많아서, 일본의 정맥산업의 중심적인 역할을 하고 있다.

---

22) 富高 幸雄(2013)『日本鉄スクラップ史集成』, 日刊市況通信社, pp.733-734 의 자료를 참조해서 필자가 작성

재일동포 2세로 2대째 사장 중에는 "우리 회사는 무차입금 경영을 하고 있는데, 가능하면 은행에서 돈을 빌리고 싶지 않습니다. 그리고, 메가뱅크(외국계 대형은행, 재벌계열 은행)하고는 거래를 하지 않고, 지방은행이나 마을의 신용금고를 메인 뱅크로 하고 있습니다. 또한 항시 현금수입을 얻을 수 있는 유기업(빠칭코)도 운영하고 있답니다"라는 얘기를 한 사람도 있었다. 사장이 된 지 수 십년이 지났지만, 그는 아직도 언제 닥칠지 모르는 자연재해나 금융위기와 같은 불의의 리스크에 대비해기 위해서, 풍부한 유동자금과 자기자본확보만이 살 길이라는 생각에 한 치의 의심도 없었다. 한재향(2007)은 신용력이 없었던 창업단계의 재일동포기업은 민금(민족계 금융기관)과 거래를 시작하는 게 일반적이었지만, 민금의 자금력에는 한계가 있었기 때문에, 초기의 성장과정을 도와주는 역할 밖에 할 수가 없었고, 재일동포기업이 점점 커지면서 일반금융기관과 거래를 하지 않으면 안 되는 상황이었을 것이라고 분석하고 있다.[23] 다시 말하면, 예전에는 일본의 금융기관에서 돈을 빌린다는 것은 거의 불가능한 일이었기 때문에, 철저하게 자기자금이 비율을 높이는 것과 현금장사인 유기업을 선호했다고 볼 수 있다.

3.2 철스크랩 수입에서 수출로

다음은 철스크랩의 수입과 수출동향을 살펴보자. 기본적으

---

[23] 韓 載香(2007), "「在日企業」と民族系金融機関―パチンコホールを事例に
―",「イノベーション・マネジメント」, No.5, 法政大学, p.113
민금(民金)은 1950년대부터 1980년대초까지 설립된 한국을 지지하는 민단계열의 39개의 조합인 「상은(商銀)」과 북한을 지지하는 조선총련계역의 38개의 조합인「조은(朝銀)」, 계 77개의 신용조합을 말한다.

그림 3-6 일본의 철스크랩 수출입 동향[24](단위: 백만 달러)

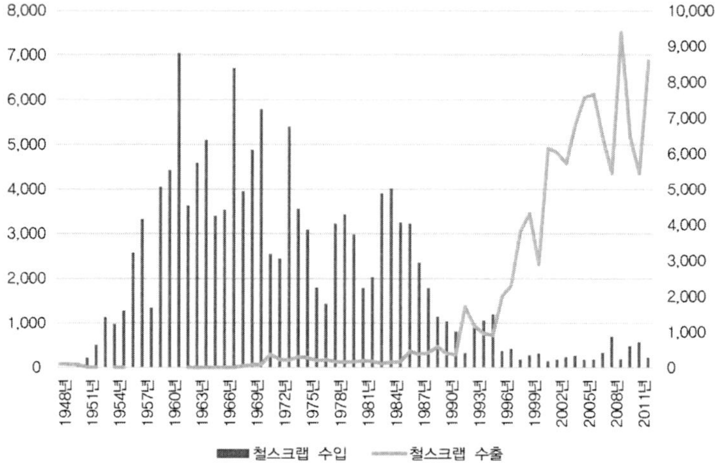

로 일본국내에서 발생하는 노폐 스크랩만으로는 국내소비량을
충족시킬 수가 없어서, 전후 몇 년을 빼고는 1990년 초까지 철스
크랩의 수입량이 수출량을 웃돌고 있었다(그림 3-6). 그러나, 버
블경제가 붕괴될 무렵인 1992년경부터 수출과 수입이 역전하면
서 재일동포회사들도 해외수출에 관심을 갖게 되었다. 그리고 기
다렸다는 듯이 1990년대초부터 우리나라의 철스크랩 수요는 급
격히 증가했고, 조국과의 거래를 너무나도 감격스럽고 기쁘게 생
각하는 회사가 많았다. 한편 정반대로 일본국내의 대기업과의 거
래를 중시해서 수출이나 해외진출에는 관심을 보이지 않는 회사
도 있었다. 이처럼 경영방침이 이분화된 것은, 일본의 제철회사
및 대형상사와 어떤 관계를 가지고 있었는지가 영향을 미친 것

---

24) 富高 幸雄(2013) 『日本鉄スクラップ史集成』, 日刊市況通信社; 日本鉄源
    協会, 通産省, 鉄リサイクル工業会의 자료를 참조해서 필자가 작성

으로 생각된다.

철스크랩의 국제적인 자원순환의 동향을 보면, 일본은 1990 년대에 들어서면서 세계적인 철스크랩 수출국이 됐다. 우선, 1995년에 세계 9위의 철스크랩 수출국이 되고 나서, 2000년에는 3위권으로, 2009년에는 세계 1위의 자리를 차지하게 된다. 일본 은 지금도 세계 5위권 내에 있어서, 철스크랩의 주요 수출국으로 알려져 있다. 이처럼 일본은 10억톤이 넘는 철강축적량을 바탕 으로 1990년대초에 철스크랩을 자급하게 되어, 미국, 독일, 영국, 네덜란드 등과 어깨를 나란히 하게 되었다.

한편, 우리나라는 철스크랩의 주요 수입국인데, 2001년에 세계 1위가 된 후, 지금도 세계 3위권의 수입국이다(그림 3-8). 터키의 수입액이 특히 많지만, 중국, 한국, 대만을 중심으로 인 도, 파키스탄, 베트남 등의 아시아 국가들의 수입액도 많다. 중국 과 대만의 수입액은 감소 경향을 보이고 있는 반면에, 인도와 파 키스탄의 수요가 급격하게 늘고 있다. 향후, 우리나라도 철스크 랩의 자급율이 높아지면서 수입액이 감소할 것으로 예상되나, 2018년을 기준으로 우리나라의 철스크랩 수입금액은 약 26억 4 천3백달러로, 일본의 수출액의 약 85%에 해당한다.

하지만, 우리나라의 스크랩 수출량은 세계 20~30위 정도의 수준으로, 자급을 하는 데는 조금 더 시간이 걸릴 것 같다. 예를 들면, 2018년의 일본의 철스크랩 수출액은 약 31억 2천만 달러 였는데, 우리나라는 약 3억 3백만 달러에 그쳐서, 일본의 10% 수준에 머물러 있다(그림 3-7). 한국과 일본은 세계 굴지의 철스 크랩 수출입국일 뿐만 아니라, 지리적으로 매우 가깝기 때문에, 국제자원순환에 큰 영향을 주고 있고 있어서, 양국은 아주 중요

그림 3-7　주요국의 철스크랩 수출액 추이[25](단위: 백만 달러)

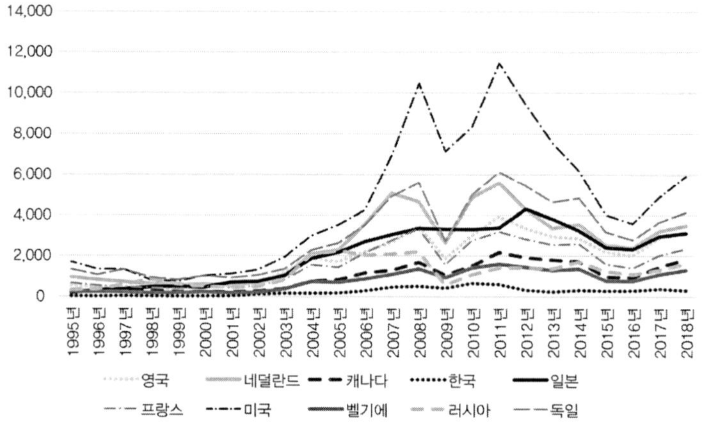

한 철스크랩 무역국이라고 할 수 있다.

　　한국은 수송거리가 짧아서 비교적 소형선박을 이용할 수 있는 데다가, 철스크랩 수요가 왕성하기 때문에 일본으로서는 한국 수출에 여러 가지 이점이 있다. <표 3-2>에서 알 수 있듯이, 2000년에 중국의 수입량은 아주 낮은 수준이었기 때문에, 거의 전량을 우리나라가 수입했다. 하지만, 북경올림픽개최로 인한 건설붐으로 중국국내의 철스크랩 수요가 급증해서, 일시적으로 중국이 한국의 수입량을 상회하게 된다. 2010년부터는 다시 한국의 수입량이 늘어서 현재도 이런 상황이 계속되고 있다. <표 3-2>처럼, 2010년부터 감소하기 시작한 중국의 스크랩수요는 매년 줄고 있고, 대만도 2015년을 피크로 감소하고 있다. 이를 대체할 새로운 수입국으로는 베트남이 부상하고 있는데, 이미 중

25) United Nations Conference on Trade and Development(UNCTAD)를 참조해서 필자가 작성

표 3-1 주요국의 철스크랩 수입액 추이(26)

연도\국명	1995	1996	1997	1998	1999	2000	2001	2002	2003	2004	2005	2006	2007	2008	2009	2010	2011	2012	2013	2014	2015	2016	2017	2018
영국	1098	722	626.1	701.4	426.1	509.3	518.2	527.7	787.8	1549	1466	1673	2091	2973	8821	1857	2843	2303	1969	1937	1297	1036	1616	2090
인도	359.6	359.9	303.5	223	280.3	313.6	960.8	391.7	554.8	1859	2478	1264	1824	2457	-898	2315	3535	4150	2845	3010	2681	2015	2206	3209
네덜란드	492.6	359.6	341	284.2	210.1	258.3	218.7	282.4	483.1	939.3	975.8	1593	2122	1928	-135	2169	2459	1924	1502	1638	1232	1088	1388	1498
한국	996.2	940.1	1106	763.3	792.4	1100	935.6	981	1257	2536	2275	2194	3553	4562	2617	3816	5026	4867	3807	3316	1716	1473	2070	2643
스페인	963.8	807.8	922.2	892.5	724.9	847.9	755.1	756.6	1271	2097	1966	2504	3100	3718	7515	2381	2551	2108	2085	2159	1665	1161	1511	1592
대만	164.7	222.5	345.7	332.3	233.9	434.7	406.6	544.5	788.2	1365	1275	1677	2841	3716	7540	2711	2977	2506	1910	1788	1088	851.4	1025	1369
중국	175.4	174.5	215.5	213.9	316.7	508.8	1061	895.6	1405	2230	2611	1862	2499	2468	5096	3006	4137	3090	2598	1685	1189	929.8	1238	1559
독일	363.2	283	434.9	394.7	335	532.8	452.7	531.7	795.6	1557	1633	2140	2738	3264	7291	2640	3549	2765	2353	2168	1387	1096	1572	1669
터키	1081	991.3	988.8	809.2	660.3	694.1	477.8	1019	1856	3014	3143	3912	5592	8961	7240	7122	9767	9419	7511	7150	4288	3962	6138	7137
일본	415.7	209.7	220.9	101	135.1	220.6	105.8	115.1	187.9	287	257.5	417	847.9	783	256.4	611.3	649.2	309.6	270.8	369	184.5	156.9	207.5	237.2
파키스탄	22.11	41.4	32.59	18.27	20.2	31.38	53.14	46.13	74.34	92.52	318.1	333.4	553.5	587.2	645.4	557.6	523.7	617.4	662.2	908.4	1025	1031	1455	1570
프랑스	277	211.1	288.9	293.9	276.4	351.6	299.2	334.3	516.3	918.7	727.1	921.6	1152	1590	621.2	930.9	1283	1114	920.3	971.4	640.8	431.7	568.1	627.3
미국	296	360.6	406.3	430.7	420	377.5	272.1	403.6	549.4	1299	954.	1308	1074	1494	852.7	1470	1710	1648	1498	1735	991.8	983.3	1544	1969
벨기에	636.2	557.6	535.2	461.7	378.6	532.6	386.2	503.9	880.4	1766	1530	2402	3133	3227	1561	2793	3312	2671	2612	2615	1847	1649	2096	2388
러시아	7.953	15.04	10.84	11.65	15.69	9.51	5.333	5.968	21.15	18.71	15.62	27.9	19.34	32.85	1.459	8.619	12.26	6.08	4.155	53.38	39.83	70.08	187.4	191.3

26) United Nations Conference on Trade and Development(UNCTAD)를 참
조해서 필자가 작성

국의 연간수입량에 근접해 있다. 한국의 2018년의 수입량은, 2000년의 약 21.4배까지 확대되었는데, 일본의 최대 철스크랩 수입국이라는 지위는 당분간 변하지 않을 것 같다.

표 3-2 일본의 철스크랩 수출 실적[27](단위: 천 톤)

구분	한국	중국	대만	베트남	기타
2000년	189	0	28	–	9
2010년	3,333	2,710	298	63	60
2015년	3,140	1,912	922	1,579	322
2018년	4,066	1,063	447	1,566	582

재일동포가 운영하는 대형스크랩업체들의 대부분은 이미 1980년대부터 대형슈레더(폐차나 대형 기계류를 그대로 파쇄할 수 있는 장치)를 도입했고, 슈레더를 도입하기 전에는 절단기, 압축기 등을 도입하는 등, 신속한 처리, 가공을 통한 대량생산체제를 구축했다는 것을 알 수 있다. 철스크랩의 수출이 본격적으로 시작된 1990년대에는 설비를 보다 대형화시켜서 폐기물처리능력과 회사규모를 확대했다. 특히 기동력을 높이기 위해, 자사트럭에 의한 물류시스템을 구축한 곳이 많았는데, 이로 인해 다양한 종류의 폐기물을 신속하게 운반, 처리, 가공할 수 있었다. 고도경제 성장기가 끝나고 두 번의 오일 쇼크를 경험한 후에는, 철스크랩 시황이 나쁠 때에 보다 적극적으로 투자를 했는데, 마치 본격적인 철스크랩 수출을 예상하고 있었던 것처럼, 1980년대부터 1990년대 중반까지 공격적인 설비투자가 많았던 것은 주목할 만한 일이다.

---

27) 一般社團法人日本鉄源協会, http://tetsugen.or.jp/

그림 3-8 2000년 이후의 철스크랩 관련 데이터의 추이(단위: 엔/천톤/백만 달러)

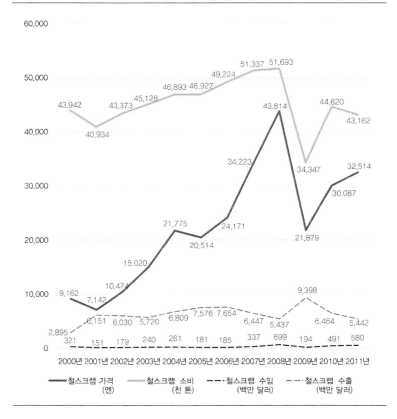

전술한 것 같이, 철스크랩의 가격변동을, 철스크랩 소비량, 수출입량으로 설명하는 것은 어렵다(버블경제기는 제외). 그렇지만, 일본의 철스크랩의 자급률이 100%를 넘긴 시점인 1992년부터 철스크랩가격은 이들 3가지 요인과 밀접한 관계를 보이고 있어서, 2000년 이후의 상관관계는 매우 높다(그림 3-8).[28] <그림

----

28) 1992년부터 2011년까지의 상관계수는 0.84, 2000년부터 2011년까지의 상관
   계수는 0.98이다. 유의수준 95%, P < 0.05

3-9>은 철스크랩 가격과 철스크랩 수출량의 관계를 보여주는 그래프다. 철스크랩의 수출개시가 일본국내의 스크랩가격의 안정화에 기여하고 있다고 보여지는데, 예측치가 실제의 데이터와 거의 일치하고 있다. 일본의 철스크랩업계는 쓸데없는 경쟁을 반복하지 않도록, 1992년에 입찰제도를 도입했고, 2005년에는 선물시장을 개설하는 등 부단한 노력을 해 왔다.[29] 일본의 정맥산업은 철스크랩의 가격결정의 객관성, 보편성을 확보하려고 했다는 것을 알 수 있다.

　재일동포회사가 1920년대부터 1970년대까지 아무런 생각 없이 고물상과 고철상을 해 온 건 아니다. 암울한 과거와 시대변화에 유연하게 대응하면서 주어진 조건과 지역 상황을 잘 파악

그림 3-9　철스크랩 가격과 수출량의 관계(실측치와 예측치)

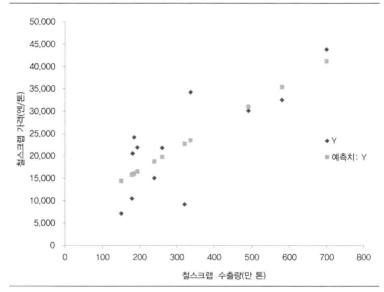

29) 노재석(2012)『스크랩을 말하다』, 스크랩워치, pp.177-178.

했기 때문에 어려운 사업환경을 슬기롭게 극복해 온 것이다. 전
후의 철스크랩 특수, 동경올림픽, 오사카만국박람회, 고도경제성
장기, 버블경제기 등과 같은 호경기에 편승했다기보다는, 오일쇼
크나 버블경제 붕괴 후의 장기불황과 같은 시기에 다음 스텝으
로의 약진을 준비를 하고 있었다. 게다가 그 성장배경에는 대립
과 반목만 있었던 것이 아니라, 오히려 지역주민과 일본기업의
지원과 협력이 있었다는 것을 주목해야 한다. 전쟁 전부터 고물
상이나 고철상을 시작한 재일동포들에게는 전후의 6.25전쟁특수
와 고철가격상승만을 주목하고 있던 일본 국내의 스크랩업계와
치열한 경쟁을 하기보다는 공생의 길을 찾고 있었다. 재일동포들
은 1955년부터 1973년까지의 고도경제성장기가 끝난 후에 적극
적인 설비투자와 규모확대를 꾀했다. 선대의 기업정신을 그대로
이어받은 2대째 사장은, 이 시기에 기업으로서의 입지를 굳혔고,
3대째 사장은 기업의 규모를 더 확대해 가면서 보다 폭넓은 시
야를 가지고 환경 비즈니스로서의 성장을 거듭하고 있다.

　　<그림 3-8>에서 설명했듯이, 철스크랩가격은 2000년 이
후에 비로서 시장경제원칙에 따라 연동하게 되었는데, 이 시기부
터 정맥산업도 지구환경문제의 대응이 중요하게 됐다. 즉, 철스
크랩 중심이었던 일본의 정맥산업은 폐기물의 적정처리와
3R(Reduce, Reuse, Recycle)뿐만 아니라, 지구온난화대책, 파쇄잔재
물, 유해물질 등의 적정처리, 불법투기의 근절, 재생에너지, 도시
광산사업,[30] 사회공헌, 국제화 등에도 관심을 보이기 시작했다.

---

30) 도시광산이라는 개념은 도시에서 폐기물로서 대량으로 배출되는 폐가전제품
　　등에 존재하는 유용한 금속자원(귀금속·희소금속 등)을 광산에 비유해서 설
　　명한 것으로, 1980년대에 일본 토호쿠대학 선광제련연구소의 난죠미찌오 교
　　수가 제창한 개념이다.

1990년대부터는 세계적으로 환경문제에 대한 관심이 높아지면서, 한중일의 철스크랩의 국제자원순환이 본격화됐다. 1992년의 「환경과 개발에 관한 리오선언」,[31] 1997년의 「교토의정서」[32] 등, 정맥산업의 역할과 책임이 국내에 한정되지 않고, 국제적인 협력이 요구되는 시대가 되었다. 일련의 움직임과 동시에, 철스크랩의 국제자원순환은 활발해졌지만, 반대로 화석연료의 소비량이 늘어나면서, 대량의 이산화탄소를 배출하는 철강산업의 입장이 곤란해지고 있다. 철강산업이 철광석뿐만 아니라, 철스크랩을 원료로 하는 전로에 주목하는 이유도 거기에 있다. 하지만, 실제로 일본의 정맥산업이 국내외의 자원순환과 환경문제에 민감하게 반응한 것은 2000년에 「순환형사회형성추진기본법」[33]이

森瀬 崇史(2008), "「都市鉱山」開発の現状と課題", エレクトロニクス実装学会誌, Vol.11 No.6, p.413.

31) 1992년 브라질에서 개최된 지구서미트에서 채택되었다. 『지구헌장』이라고도 일컫는 리우선언은 27개조의 원칙으로 성립된다. 전문의 요지는 "국제 환경 개발회의는 각 나라와 사회의 새롭고 공평한 파트너십을 구축한다는 목표를 가지며, 모든 인간을 위한 이익을 존중하고, 또한 지구적 규모의 환경 및 개발시스템의 일체성을 보존 유지하는 국제적 합의를 향하여 활동하며, 인류의 집인 지구의 불가분성과 상호의존성을 인식하면서 다음과 같이 선언한다"고 되어 있다. (환경운동연합, http://kfem.or.kr/?p=38373)

32) UN의 기후변화협약을 약간 변형하여 구체적인 이행 방안을 다루고 있는 국제 협약이다. 총6가지의 온실 가스를 감축하기로 한 것인데 이 협약을 비준한 국가가 온실 가스를 약속한 만큼 감축하지 못할 경우 해당 국가에 대한 비관세 장벽이 허용되는 것이다. 뿐만 아니라 이를 달성하지 못할 경우 2013년부터 목표로 한 감축량의 1.3배와 2차 이행 목표를 모두 달성해야만 한다. 1997년 12월 11일 일본 교토의 국립 교토 국제회관에서 개최된 지구 온난화 방지 교토 회의 제3차 당사국 총회(COP3)에서 채택되었으며 발효는 2005년 2월 16일에 이루어졌다. (환경운동연합, https://thewiki.kr/w/%EA%B5%90%ED%86%A0%20%EC%9D%98%EC%A0%95%EC%84%9C)

33) 폐기물의 발생억제, 리싸이클의 추진, 폐기물처리시설의 입지의 곤란성, 불법 투기의 증대 등의 문제해결을 위해서 「대량생산・대량소비・대량폐기」형의 경제사회로부터 탈피해서, 생산부터 유통, 소비, 폐기에 이르기까지 물질의 효

제정되고 나서부터다. 제4장에서는 재일동포3세가 정맥산업의
발전과 성장에 어떻게 관여해 왔는지를 환경문제와 국제화의 관
점에서 고찰해보자.

율적인 이용과 리싸이클을 추진함으로써, 자원의 소비를 억제하고, 환경부하
가 적은 「순환형사회」의 형성을 추진하기 위한 기본적인 틀이 되는 법률로서
2000년에 공포되었다. 폐기물·리싸이클 대책을 종합적, 계획적으로 추진하기
위한 기반을 확립하고 개별의 폐기물·리싸이클 관계법령의 정비와 함께 순환
형사회의 형성을 위한 실효성 있는 방안의 추진을 도모하는 것이다. (環境省,
https://www.env.go.jp/recycle/circul/recycle.html)

제4장
국제화와 지구환경문제
: 환경산업으로서의 성장

    1992년부터 철스크랩의 순수출국이 된 일본은, 2012년에는 한국수출에 대한 의존도가 0.649까지 상승하면서, 두 나라를 국제적인 자원순환 커뮤니티로 보게 되었다. 또한 양국의 철스크랩의 무역 규모도 세계 9위 수준까지 성장해서, 정맥자원무역의 중요한 파트너가 됐다.[1)]

    1992년에는 국제연합에서 「환경과 개발에 관한 리우선언」이 채택되어, 세계적으로 지구환경문제에 관한 관심이 높아졌다. 그 제1원칙에는 '인간을 중심으로 지속 가능한 개발이 논의되어야 한다. 인간은 자연과 조화를 이룬 건강하고 생산적인 삶을 향유하여야 한다'라고 하고, 제8원칙에는 '지속 가능한 개발과 모든 사람의 보다 나은 생활의 질을 추구하기 위하여, 각 국가는 지속 불가능한 생산과 소비 패턴을 줄이고 제거해야 하며 적절한 인구 정책을 촉진해야 한다'라고 했으며, 제12원칙에는 '각 국가는 환경 악화 문제에 적절히 대처하기 위하여, 모든 국가의 경제 성

---

1) 杉村 佳寿·青木 渉一郎·村上 進亮(2015) "ネットワーク構造から見た静脈資源貿易に係わる社会システムの課題", 土木学会論文集G(環境), Vol.71 No.6, Ⅱ_287－Ⅱ_296

장과 지속 가능한 개발을 도모함에 있어 도움이 되고 개방적인
국제 경제 체제를 증진시키도록 협력해야 한다. 환경적 목적을
위한 무역 정책 수단은 국제 무역에 대하여 자의적 또는 부당한
차별적 조치나 위장된 제한을 포함해서는 안 된다. 수입국의 관
할지역 밖의 환경적 문제에 대응하기 위한 일방적 조치는 회피
되어야 한다. 국경을 초월하거나 지구적 차원의 환경 문제에 대
처하는 환경적 조치는 가능한 한 국제적 합의에 기초해야 한다.'
고 명언하고 있다.[2]

　　일본은 이 시기부터 철스크랩만이 아니라, 비철스크랩, 폐플
라스틱 등과 같은 다양한 재생자원을 수출하게 되는데, 지구환경
문제에 대한 관심이 높아지면서, 환경문제해결을 위한 선진국으
로서의 책임과 역할에 관한 기대도 높아졌다고 할 수 있다. 특히
대량의 화석연료(석탄·코크스)를 사용하는 철강산업은 일본의 세
조업 전체에서 배출하는 이산화탄소의 약 45%를 차지하고 있어
서,[3] 철스크랩을 원료로 하는 전로에 대한 관심이 더 높아지게
됐다.

　　일본 국내에서는 건축·건조물, 교량, 자동차, 자전거, 가전
제품, 캔, 페트병, 생활폐기물 등 다양한 스크랩이 발생한다. 현
재, 시중에서 발생하는 스크랩은 연간 약 2,893만톤(2018년 기준)
이 회수되서, 재활용된다. 2017년을 기준으로 철강축적량이 13
억톤을 넘었는데, 지금까지 철스크랩의 발생량은 철강축적량의
2~3% 정도를 유지하고 있어서, 철스크랩의 발생량은 철강축적

---

2) 環境省, 「国連環境開発会議(地球サミット : 1992 年゛リオ・デ・ジャネイ
　ロ)と開発に関するリオ宣言」, https://www.env.go.jp/council/21kankyo−k
　/y210−02/ref_05_1.pdf
3) 日本経済新聞, 2019년 9월 9일자

량과 연동하고 있다. 이들 스크랩은 폐기물처리 및 리싸이클 전
문업자가 수집, 가공, 재자원화하는 것이 일반적이다.[4]

　한편, 세계 각국은 1990년대부터 폐기물에 관한 다양한 환
경정책을 적극적으로 도입하기 시작했다. 최근 폐플라스틱의 해
양오염, 마이크로 플라스틱 문제가 화제가 된 용기포장폐기물에
관해서는, 우선 독일이 1991년에 「포장폐기물의 회피에 관한 정
령(포장폐기물정령)」을 공포했다. 1992년에는 프랑스가 「포장폐기
물 데크레」를 제정했고, 우리나라도 「자원의 절약과 재활용 촉
진에 관한 법률」을 제정했다. 그리고, EU는1994년에 각국의 개
별법을 인정하면서, 통일된 용기포장리싸이클정책 「포장 및 포
장폐기물에 관한 유럽의회 및 이사회 지령(94/62/EC)」을 결정했
다. 일본은 유럽보다 1년 늦은 1995년에 「용기포장리싸이클법(용
기포장에 관한 분별, 수집 및 재상품화의 촉진에 관한 법률)」을 제정했
다. 이 법은 1997년에 본격적으로 시행되었는데, 리싸이클 대상
은 유리병(무색, 갈색, 기타) 및 페트병이 포함되었고, 이들 제품을
만드는 기업(주로 대기업)들이 리싸이클의 책임을 지게 되었다.
그 후, 2000년부터 전면 시행이 됐는데, 종이제 용기포장 및 플
라스틱제 용기포장이 더해져서, 중소기업까지 리싸이클 책임의
범위가 넓어지게 되었다.

　실은 이들 법률은 단순하게 알미늄 및 스틸캔, 페트병, 유리
병, 플라스틱 포장재 등을 회수해서 리싸이클한다는 의미라기보
다는 제품을 만든 생산자에게도 리싸이클의 책임을 지게 한다는
의미가 있다. 경제협력개발기구(OECD: Organisation for Economic

---

4) 一般社団法人 日本鉄リサイクル工業会, https://www.jisri.or.jp/recycle/t
　echnology.html

Co-operation and Development)는 1994년에 「확대생산자책임」프로젝트를 개시하고, 검토결과를 보고서로 만들어서 공표했는데, 「확대생산자책임(EPR:Extended Producer Responsibility)」을, 제품에 대한 제조업자의 물리적, 또는 재정적 책임을 제품의 라이프 싸이클의 사용 이후의 단계까지 확대하는 환경정책의 어프로치라고 정의하고 있다. 이 정책에는 두 가지의 특징이 있는데, 하나는 지자체에서 상류의 생산자에게 책임(물리적 또는 재정적, 전부 또는 부분적)을 전가하는 것이고, 또 하나는 생산자가 환경배려형 제품을 설계하도록 유도하는 것이다.5)

이처럼 지금까지의 폐기물처리와 리싸이클이라고 하는 개념이 크게 바뀌면서, 관련 환경정책이 시행되게 되었다. 그리고 각 이해관계자의 책임과 역할을 명확하게 하고, 환경영향과 비용부담을 투명하게 공개하도록 했다. 또한, 국제자원순환에 관한 관심이 높아진 것도 이 시기다.

일본 정부는 1995년에 「용기포장리싸이클법」, 1998년에 「가전리싸이클법」을 시행했고, 그 이후에도 개별리싸이클법을 정비하는 정책방침을 세웠다. 즉, 새로운 폐기물처리시설을 도입하려면, 막대한 비용과 시간(특히 주민반대)이 걸리는데, 그동안 폐기물의 발생량은 줄지 않고, 불법투기가 증가할 가능성이 있기 때문에, 리싸이클을 보다 적극적으로 추진하는 것이 중요하다는 인식이 높아졌다. 시대변화에 따라, 생활패턴이 달라지고, 폐기물이 증가하면, 폐기물의 종류와 배출량도 크게 변화하는데, 종래의 정책방침과 원칙으로는 이런 변화에 대응하는 것이 어려워졌다. 종합적인 폐기물관리를 위해서는 제품의 생산부터 유통,

---

5) OECD 「拡大生産者責任政府向けガイダンスマニュアル」

소비, 폐기에 이르기까지 자원의 유효이용과 절약, 리싸이클을 추진해서 환경친화형, 자원순환형 사회시스템을 구축하는 게 중요했다. 일본 정부는 이런 변화에 대응하려고 2000년에「순환형사회형성추진기본법」을 제정해서 순환형사회을 만들기 위한 기본적인 틀을 마련했다. 또한 같은 시기에「자원유효이용촉진법」의 개정,「건설리싸이클법」,「식품리싸이클법」,「그린구입법」등이 동시에 제정되었고, 2005년에는「자동차리싸이클법」, 2013년에는「소형가전리싸이클법」이 제정되었다.

1990년 이후, 일본의 정맥산업은 철스크랩 수출국이라는 지위변화뿐만 아니라, 고철 중심의 비즈니스로부터 환경산업으로의 이행이 시작됐다고 할 수 있다. 특히, 지자체의 폐기물행정과의 협력관계가 보이기 시작한 것, 유가물의 매매뿐만 아니라, 폐기물의 적정처리 및 재자원화가 주된 업무가 된 것, 동맥산업(제조업)과의 연계가 시작된 것, 국제적인 자원순환과 무역이 본격화된 것 등 큰 전기를 맞게 되었다.

재일동포회사의 경우, 이 시기에 3세가 경영에 참가하기 시작했다. 눈앞의 이익만 추구하는 게 아니라, 취급품목의 다양화, 환경문제의 대응, 국제화전략, 컴플라이언스(법규준수)와 사회적인 설명책임 등이 기업의 성패에 중요한 요소가 되면서, 재일동포 1세, 2세가 세운 기업은 새로운 국면을 맞이하고 있었던 것이다. 그냥 고철상이 아니고, 폐기물의 적정처리와 리싸이클을 중심으로 하는 정맥산업으로서의 역할과 책무가 보다 선명해졌다고 할 수 있다.

1. 정맥산업이란?

<표 4-1>은 일본의 표준산업분류(2014년 4월 1일 시행)에
서 정맥산업에 관련된 업종을 추출해서 정리한 내용이다.6) 우
선, 대분류I「도매업·소매업」의 중분류로서는「건축재료, 광물,
금속재료 등 도매업」이 있고, 세분류는「재생자원도매업」으로

표 4-1 정맥산업의 분류

대분류 I 도매업, 소매업	중분류 53 건축재료, 광물· 금속재료 등 도매업	536 재생자원 도매업	5361병·캔 등 빈 용기 도매업
			5362 철스크랩 도매업
			5363 비철 금속스크랩 도매업
			5364 폐지 도매업
			5369 기타 재생자원 도매업
	중분류 54 기계 기구 도매업	542 자동차 도매업	5423 자동차 중고부품 도매업
대분류 R 서비스업 (다른 업종으로 분류되지 않는 것)	중분류 88 폐기물 처리업	880 관리, 보조적 경영활동을 하는 사업소 (88 폐기물 처리업)	8800 주로 관리업무를 하는 본사 등
			8809 기타 관리, 보조적 경제활동을 하는 사업소
		881 일반폐기물 처리업	8811 분뇨 수집운반업
			8812 분뇨 처분업
			8813 정화조 청소업
			8815 쓰레기 수집운반업
			8816 쓰레기 처분업
		882 산업폐기물 처리업	8821 산업폐기물 처분운반업
			8822 산업폐기물 처분업
			8823 특별관리 산업폐기물 수집운반업
			8824 특별관리 산업폐기물 처분업

---

6) 総務省,「日本標準産業分」, https://www.soumu.go.jp/toukei_toukatsu/index/
을 참고해서 필자가 작성

구분되는데,「재생자원도매업」중에는,「철·비철스크랩도매업」,
「폐지도매업」등이 포함된다. 또 하나의 중분류인「기계기구도
매업」의 하부에 위치하고 있는「자동차도매업」에는「자동차중고
부품도매업」이 포함되어 있는데, 이 업종은 자동차해체업(자동차
리싸이클)과 깊은 관계가 있다. 대분류R「서비스업(다른 분류가 되
지 않는 것)」의 중분류에는「폐기물처리업」이 있고, 그 안에는
「일반폐기물처리업」,「산업폐기물처리업」,「특별관리산업폐기물
처분업」이 포함된다.

이처럼 정맥산업 안에는 일반폐기물, 산업폐기물의 적정처
리와 재자원화(리싸이클), 최종처분, 재생자원의 유통, 판매, 중고
품의 리유스(국내판매·유통만이 아니라 해외수출을 포함), 재제조와
판매, 유통, 유해폐기물의 적정처리 등, 폭넓은 사업분야가 포함
되어 있고, 다양한 이해관계자들과 복잡한 네트워크가 형성되어
있다.

2. 환경산업으로의 성장

2.1 대형설비투자와 리스크 관리

일반적으로 재일동포가 운영하는 폐기물리싸이클회사는
주로 철스크랩을 취급하는 곳이 많다. 인터뷰에 응해 준 7개 회
사는 고도경제성장기가 끝나고 오일쇼크가 있었던 1973년 전후
에 새로운 공장을 개설하면서 대형설비투자를 했다. 주로 대형
절단기(길로틴; 그림4-1), 압축기(프레스; 그림 4-2), 대형파쇄기(슈
레더; 그림 4-3) 등을 도입해서, 대량의 산업폐기물을 효율적으로

그림 4-1 대형절단기(길로틴)설비[7]
그림 4-2 대형파쇄기로 가공한 철스크랩[8]

그림 4-3 대형파쇄설비(슈레더)[9]

절단, 파쇄, 압축, 선별한 후, 고품질의 철스크랩을 국내외의 제
철회사에 공급하는 체제를 갖췄다. 특히 물류효율을 중시해서 자
사트럭을 확충하거나, 자회사로 운수회사를 만든 경우도 많다.
들쭉날쭉한 고철을 균일한 사이즈로 만들고 불순물을 제거하고,
폐자동차나 폐가전 등을 파쇄해서 2~10센치로 가공한 후, 이들
재생자원을 전로(電爐)회사로 보낸다. 전로회사가 이 원료를 용

7) 필자촬영(야마가타(山形)현)
8) 필자촬영(미야기(宮城)현)
9) 靑南商事HP(左), http://www.seinan-group.co.jp/, 필자촬영(오른쪽)

융, 압연, 가공, 제품화해서 각 산업현장에 재투입하는 것이 대략적인 철스크랩의 리싸이클 프로세스다.

당연한 일이지만 이들 대형설비도입에는 막대한 투자가 필요하다. 즉, 당시의 사회·경제상황을 고려하면, 역의 발상이라고도 할 수 있는 행동이지만, 1970년대의 초기투자에 이어서 1980년대 이후에도 대형절단기와 파쇄기 등의 갱신, 추가도입을 계속한 회사가 많았는데, 마치 1990년대의 철스크랩 수출을 예견하고 있었던 것과 같은 대형투자가 특징적이었다. 이러한 대형설비투자는 이전의 고철상에서는 처리가 어려웠던 폐자동차, 폐가전, 대형기계설비 폐기물 등을 작게 파쇄한 후, 철과 비철을 선별해서 재자원화하는 것이 가능해져서, 리싸이클효율과 품질을 크게 향상시켰다.

실제로 2005년부터 「자동차리싸이클법」이 시작되면서 이들 대형슈레더가 중요한 역할을 하게 된다. 폐차의 적정처리와 리싸이클은 고철상의 일이기도 했지만, 이미 슈레더를 가동하고 있던 기업들은 이 시기에 최신의 자동차리싸이클공장(해체공장)을 개설했다. 지금까지의 자동차해체공장은 기름 범벅에다 폐타이어나 폐오일을 공장 안에서 태우거나, 처리하지 않은 폐액과 폐유를 그냥 흘려 내보내서 주변의 토양과 수질오염을 시키는 등, 항상 환경오염을 일으키는 이미지가 강했으나, 조기에 대형설비투자를 한 곳은 환경친화적인 기업 이미지를 전면에 내세우면서 대형슈레더(파쇄기)의 모재(母材)를 확보하는 일석이조의 효과가 있었다.

한편, 고품질의 철스크랩의 대량생산체제를 구축하는 것은, 생산프로세스에서 부수적으로 발생하는 비철금속, 플라스틱류, 슈레더 더스트(파쇄잔사) 등을 얼마나 효율적으로 자원화하면서 폐기물처리비용을 줄일 것인가가 중요했다. 복수의 폐기물리싸이클회사가 창업당시부터 최종처분장(매립지)의 확보와 증설을 중시했던 것도 폐기물처리비용의 절약은 물론, 향후 사회적으로 최종처분장의 필요성이 커질 것이라는 예견을 하고 있었던 것 같다. 특히 스크랩 가공 후에 반드시 발생하는 슈레더 더스트는 별도의 처리업자에게 처리비용을 지불하고 위탁할 필요가 있다. 일본의 자동차리싸이클법이 시행된 것도 슈레더 더스트의 불법투기사건이 발생한 것이 계기가 되었는데, 이들 폐기물을 적정하게 처리하기 위해서는, 환경오염을 일으키지 않는다는 것을 대전제로 최신의 소각시설에서 태우던지, 최종처분장에 매립할 수밖에 없었다. 하지만, 일반적인 중소기업이 지자체가 운영하는 대규모 소각시설이나 매립지를 소유하는 것은 불가능에 가깝다. 이런 시설들은 대형파쇄기나 절단기와는 달리, 수백억엔 단위의 초기투자가 필요하고, 토지확보나 시설운영의 허가를 받기까지는 굉장히 긴 시간이 소요된다. 게다가 폐기물소각시설과 최종처분장은, 소위 모두가 기피하는 님비(NIMBY)시설이라서, 주민운동이 일어나면 착공할 때까지 10년 이상의 시간이 걸릴 수도 있다. 에구찌(2018)는 NIMBY(Not−In−My−Back−Yard)문제는 지역에 쓰레기처리장 등, 주민에게 공공서비스를 제공하는 한편, 그 시설이 입지하는 근린 주민에게는 소음이나 대기오염 등의 피해나 부담을 주는 시설(기피시설)을 만들 때에, 주민이 이런 시설의 필요성을 이해한다고 해도, 그것이 자기의 거주지 근처에 건설되는 것은 반대하기 때문에, 해당 시설의 입지장소 및 건설 자체가 곤

란하게 되는 문제라고 정의하고 있다.10) 이처럼 소각 및 매립시
설은 주로 공공서비스로서 제공하는 것을 상정하고 있다는 것을
알 수 있다.

　재일동포회사 중에는 최종처분장의 확보에 열심인 곳이 있
다는 사실은 이미 언급한 사실이지만, 자원리싸이클보다는 산업
폐기물처리(감용화(減容化)·소각·최종처분)를 중심으로 운영해 온
기업도 있다. 일본의 폐기물 행정은 폐기물의 위생처리와 감용화
(減容化)가 최대의 과제였다. 국토면적이 좁은 일본은, 매립지 확
대에 물리적인 한계가 있었고, 습기가 많고 여름이 긴 기후조건
에서는, 쓰레기를 단시간에 위생적으로 감용화하는 방법으로 소
각처리가 가장 적합하다고 인식되었다. 1950년대 후반부터 1970
년대에 걸쳐서, 동경도 코토구와 스기나미구 사이에서 벌어진 쓰
레기 처리, 처분에 관한 분쟁은 「동경 쓰레기전쟁」이라고 불리
는데, 결국 동경도는 거의 모든 구에 쓰레기 소각시설(19개의 청
소공장)을 가동하고 있다.11) 다시 말하면, 생활폐기물의 처리를
주로 소각에 의존하고 있다고 해도 과언이 아니다.

　그렇지만, 1990년대 후반에 사회문제가 되었던 사이타마(埼
玉)현의 도코로자와(所沢)시의 고농도 다이옥신류 발생문제는, 각
종 미디어의 과장보도가 문제시되기도 했지만, 소각중심의 일본
의 폐기물행정을 크게 바꾸는 전기가 되었다. 이처럼 새로운 소
각시설을 도입하는 것은, 지자체의 폐기물행정으로부터 허가를
받는 것도 어렵지만, 주변주민과 시민단체의 따가운 시선을 피하

10)　江口　潜(2018) "NIMBY問題についての再考察：簡単なゲーム理論的分
　　析",「新潟産業大学 ディスカッション・ペーパー」, No. 47, pp.1-2.
11)　東京二十三区清掃一部事務組HP, https://www.union.tokyo23-seisou.lg.jp
　　/index.html

그림 4-4 소각설비(가스화 용융로)도입사례[12]

기 어렵다. 한편 폐기물리싸이클 업자의 입장에서 보면, 대량으로 발생하는 파쇄잔재물 및 각종 폐기물을 처리하는 방법으로 소각은 매력적인 옵션이지만, 수백억엔의 투자가 필요하고, 심각한 주민반대에 맞서가면서 지자체의 인허가를 받는다는 것은 거의 불가능하다. 전국의 대도시에서 운영하고 있는 오래된 청소공장(소각시설)은 시설 갱신조차도 어려운 상황인데, 이번에 조사한 재일 폐기물리싸이클업자 중에는 자사의 폐기물소각시설(가스화용융로[13])을 가동하고 있는 회사가 2곳이나 있었다는 것은 놀랄 만한 일이다(현재 가동중인 시설은 한군데).

그러면, 이렇게 만들기 어려운 폐기물소각시설을 도입할 수 있었던 이유는 무얼까? 우선, 1990년대 이후, 재일 폐기물리싸이클업자의 지위와 신용이 높아진 것이다. 소각시설은 막대한 초기투자와 지자체의 강력한 지원이 필요한 설비투자여서, 대형파쇄기를 도입하는 것과는 비교도 할 수 없는 일이다. 오랜 경험과 사업실적, 지자체의 신뢰가 없으면, 당시의 연매출액보다 큰 신규투자, 그리고 운영경험이 없었던 소각시설의 가동은 회사의 존

---

12) 青南商事HP, http://www.seinan‒group.co.jp/

13) 쓰레기를 저탄소상태로 가열함으로써, 열분해로 발생한 가스를 연소, 또는 회수하는 것과 동시에, 소각재, 불연물을 용융로에 투입해서, 1,300℃ 이상의 고온으로 용융하는 시설. 『神戶市環境リサイク検討委員会資料』, https://www.city.kobe.lg.jp/life/recycle/environmental/kentouiinkai/img/503gasu.pdf

폐가 달린 일이었으며, 엄청난 리스크를 짊어지게 된다. 게다가, 기존의 쓰레기소각시설에서 취급하고 있던 생활폐기물이 아니고, 산업폐기물의 파쇄잔재물을 태우는 것이기 때문에, 이 설비를 안정적으로 가동할 수 있을지가 문제였다. 당시는 폐기물소각의 전문가들조차 부정적인 평가를 하는 사람이 많았다. 소각시설의 건설은 지금까지의 설비투자와는 비교도 안 될 정도의 비용 들었는데, 마치 도박과 같은 투자라고도 할 수 있었다. 또한 소각시설은 그동안 해왔던 철스크랩의 수집, 가공과는 전혀 다른 기술로, 소각로의 온도유지, 대기오염방지, 소각재처리 등, 기술적으로도, 환경적으로도 몇 배나 관리하기 어려운 설비다.

한편, 철스크랩의 리싸이클비즈니스가 커지면 커질수록 필연적으로 파쇄잔재물이 많이 발생하게 되고, 보다 큰 파쇄·절단·압축설비를 가동하기 위해서는, 고압과 대용량의 전력공급이 필요하게 된다는 것은 쉽게 예측할 수 있다. 따라서, 자사에서 발생한 파쇄잔재물을 적정하게 처리하면서, 고온의 폐열을 이용해서, 자가발전을 한 후, 거기서 얻어진 전력을 자사의 공장에 공급할 수만 있다면, 모든 폐기물리싸이클 프로세스를 자사 내에서 완결시킬 수 있는 꿈의 종합리싸이클공장을 완성시키는 것이기도 하다. 어쨌든 막대한 투자·새로운 기술도입 및 안정화, 시설의 인허가까지의 행정수속, 환경오염, 주민반대 등, 다양하고 복잡한 리스크를 잘 극복해서 20여 년간 안정적으로 소각·발전설비를 가동하고 있는 회사가 존재하는 것도 사실이다. 특히, 지자체의 협력과 지원, 주변 주민들의 이해가 없었다면, 소각시설의 도입은 실현할 수 없었을 것이다. 현재, 이 회사는 지역의 생활쓰레기 소각시설의 운영지원, 용기포장리싸이클의 위탁사업을 맡고 있는 등, 지자체의 신뢰가 두텁다. 시설도입 전에는 반대를

하던 지역주민들도, 매일 꼼꼼하게 환경오염물질을 모니터링을
하는 모습을 보면서, 주변지역의 자연환경에 악영향을 주고 있지
않다는 확신을 갖게 되었다. 최근에는 당초 반대했던 주민들도
아들, 딸들이 이 회사에 취직해서 일하고 있는 것을 자랑으로 생
각할 정도라고 한다. 수십 년 전에 마을에서 폐품회수를 하고 있
던 작은 고철상이, 이젠 지역과 함께 성장, 발전해가는 기업으로
인정받게 된 것이다. 이처럼 커다란 리스크를 짊어지면서까지 공
격적인 설비투자와 신규 비즈니스 전개를 계속할 수 있었던 원
동력은, 긴 세월동안 쌓아 온 폐품회수, 고물상, 고철상으로서의
경험과 노하우, 지역의 유력기업으로서의 자부심과 신뢰를 바탕
으로, 정맥산업의 흐름을 정확하게 읽어낸 결과라고 할 수 있다.

2.2 폐기물행정과 리싸이클

2.2.1 리싸이클의 중요성

일본의 정맥산업은 오랜 기간 동안 철스크랩을 주목해 온
게 사실인데, 우리들의 일상생활, 제품의 생산공정, 인프라 정비
나 건설현장 등에서는 반드시 다양한 종류의 폐기물이 발생한다.
이것을 말 그대로 폐기물로 볼 것인지, 자원으로 볼 것인지에 대
해서는 명확하게 선을 그을 수 있는 게 아니다. 폐기물로서 취급
할 경우는 운반이나 적절하게 처리하는 데 드는 비용을 받게 되
지만, 유가물로서 거래할 경우에는 돈을 지불하고 자원을 사고
파는 게 된다. 여러분들도 잘 알고 있듯이 각 가정에서 배출하는
쓰레기는 매주 정해진 요일에, 일반생활폐기물로 지자체가 수집·
운반·처리(소각, 매립, 재활용)하고 있다. 즉, 폐기물행정은 공공서
비스의 일환으로서 우리들이 낸 세금으로 돌아가고 있는 것이다.

　일반적으로 자원과 에너지절약을 위해서 리싸이클을 하는 것인데, 개발도상국은 상대적으로 인건비와 폐기물처리비용이 싼 반면에, 자원·에너지 가격은 비싸기 때문에 리싸이클로 경제적인 이익을 얻기 쉽다. 일본에서도 고도경제성장기 전에는 이런 의미의 고철상, 폐품회수업이 성립하고 있었다. 그러나, 노동집약적 산업이기도 한 정맥산업은, 일본과 같은 선진국의 경우, 자원리싸이클부터 얻어지는 이익이 인건비와 폐기물처리비보다 낮아져서, 다양한 자원과 에너지가 자원화되지 못한 채, 폐기물로서 처분되고 있다. 다시 말하면, 일본의 정맥산업은 기존의 리유스와 리싸이클뿐만 아니라, 폐기물의 적정처리, 최종처분까지를 폭넓게 커버하고 있다고 할 수 있다. 야스이(2003)는, 일본에서 리싸이클을 하는 이유를 <표 4-2>와 같이 정리하고 있는데, 이들 자원·에너지는 시대와 경제상황의 변화에 따라, 폐기물처리비용과 자원·에너지의 가치가 역전(역유상)할 가능성도 충분히 있다.

표 4-2　리싸이클을 하는 이유[14]

대상물	이유	
귀금속, 알미늄, 동, 공장에서 배출되는 폐기물(부산물) 등	시장원리, 경제적인 이익 창출	
유리, 음식쓰레기, 건설폐기물, 농작물 폐기물, 가축배설물 등	최종처분장의 연명화(최종처분비의 절약)	
플라스틱류	매립 부적물의 회피	
종이, 목재	재생가능자원의 과잉사용방지	자원·에너지의 절약
철(가전, 자동차 등)	자원 절약	
페트병	에너지 절약	
기타 플라스틱	에너지 회수	
모든 재활용품(리싸이클)	고용 확보	

2.2.2 불법투기사건

이와 같이 폐기물과 유가물의 구분은 명확하지 않으며, 불분명한 판단기준으로 거래되고 있다는 것을 알 수 있다. 또한, 폐기물의 부적절한 처리와 불법투기사건도 끊이질 않고 있다. 일본에서도 대규모 불법투기사건이 몇 번이나 발각되었는데, 그 중에서도 국내 최악의 불법투기사건으로 알려진 「테시마(豊島)사건」은 일본 사회에 큰 충격을 안겼다. 아름다운 자연환경에 둘러싸인 국립공원 테시마섬에 불법투기를 한 폐기물처리업자는 1975년 후반부터 1990년까지 허가를 받지 않은 채, 파쇄잔재물, 폐유, 오니(汚泥) 등의 산업폐기물을 테시마섬에 반입해서 불법적인 소각과 매립을 계속했다. 카가와(香川)현이 현장조사를 실시했지만, 업자가 유가물이라고 주장하는 바람에 1990년까지 적절한 조치를 취하지 못한 채, 불법으로 버려진 폐기물은 약 92만톤에 달했다. 결국, 불법투기로 적발된 해당업자는 파산신청을 했고, 남겨진 폐기물은 카가와현이 주민들이 낸 세금으로 처리하게 됐다.[15] 불법투기폐기물이 완전히 제거되는 데는 14년이라는 긴 시간이 걸렸는데, 모든 폐기물이 적정하게 처리된 것은 2017년3월말이었다. 이 사건이 일본의 「자동차리싸이클법」제정에 큰 영향을 줬는데, 특히 불법투기된 폐기물이 주로 자동차의 파쇄잔재물이었다는 사실에 주목할 필요가 있다. 재일 폐기물리싸이클업자가 최종처분장의 확보와 소각시설의 도입에 큰 관심을 가진

---

14) 安井 至(2003) "リサイクルの意義と実情ーなぜリサイクルは理解しにくいかー", 「化学と教育」, 51巻 1号, pp.14-15을 참조해서 필자가 수정

15) 佐藤 雄也·端 二三彦(2001) "豊島産業廃棄物事件の公害調停成立", 「廃棄物学会誌」, Vol.12, No.2, pp.106-109.

것도 파쇄잔재물의 처리방법
을 강구하는 것이 리싸이클비
즈니스를 유지하는 데 매우
중요하다는 것을 알고 있었기
때문일 것이다. 즉, 자원·에너
지 절약(회수), 최종처분장의
연명화를 가능케 해서, 고용확
대와 비용절감으로 새로운 수
익을 창출할 수 있으며, 결과

그림 4-5 테시마의 불법투기폐기물 처리현장[16]

적으로 최적의 순환구조를 만들어 낼 수 있는 것이다.

　　테시마사건은 산업폐기물의 불법투기에 관한 사회적인 관심
을 높였지만, 1999년에 또다시 「아오모리(青森)·이와테(岩手)불
법투기사건」이 발생했다. 이는 일본 국내 최대 규모의 불법투기
로 알려져 있을 만큼 그 규모가 컸는데, 일본 동북지방의 아오모
리현과 이와테현의 접경지역의 27ha라는 광대한 토지에 대량의
산업폐기물이 불법으로 버려져 있었다. 하물며 불법투기된 폐기
물의 대부분이 수도권에서부터 운반된 것이라는 점, 이미 중간처
리나 재자원화과정을 거친 고형연료, 비료, 소각재, 오니 등을
600~700km나 떨어진 곳까지 가지고 와서 버렸다는 점이 더 큰
충격을 주었다. 아오모리현은 2004년부터 폐기물의 철거를 개시
해서, 2013년 12월에 전량철거를 완료했다. 아오모리현 쪽에서
철거한 폐기물의 양은 약 115만톤에 달했고, 2020년까지 실시하
는 원상복구의 비용은 약 480억엔이 들 것이라고 예상하고 있

---

16) 필자촬영(카가와(香川)현)

다.[17] 참고로 이들 불법투기폐기물의 대부분은 재일 폐기물리싸이클회사가 처리했다. 지방의 지자체는 이런 대규모 불법투기사건을 대응할 만한 설비를 보유하고 있지 않았고, 적정한 반출·운반·처리·모니터링을 할 수 있는 인원이나 중기, 기술과 노하우를 가지고 있지 않다. 이 회사는 지자체와의 신뢰관계뿐만 아니라 적극적인 설비투자와 운영경험이 있었기 때문에, 상상할 수도 없는 대규모 불법투기사건이 갑작스럽게 발각되었음에도 불구하고, 신속하게 대응할 수 있었고, 불법투기폐기물을 가장 적합한 방법과 기술을 구사해서 안전하고 무해하게 처리할 수 있었던 것이다.

그림 4-6 불법투기폐기물의 적재광경[18]

2.2.3 자동차리싸이클과 환경문제

테시마사건으로 막대한 양의 파쇄잔재물이 발견되고 나서, 폐자동차의 적정처리와 불법투기에 관한 사회적인 관심이 매우 높아졌다. 폐자동차는 해체공장에서 필요한 부품(엔진, 전장품, 타

---

17) 青森県, 「青森·岩手県境不法投棄事案アーカイブ」, https://www.pref.aomori.lg.jp/nature/kankyo/kenkyo-archive-toppage.html

18) 青森県, 「県境不法投棄事案アーカイブ画像集」, https://www.pref.aomori.lg.jp/nature/kankyo/archive-syashinkan.html

이어, 범퍼와 같은 외장부품 등의 중고부품), 배터리, 하네스(배선류), 부동액이나 워셔액과 같은 폐액, 연료, 엔진오일이나 브레이크오일과 같은 폐유, 촉매 등이 제거된 후, 압축된 철스크랩은 대형 파쇄공장으로 보내진다. 폐자동차를 효율적으로 처리하기 위해서는 대형슈레더로 파쇄할 필요가 있는데, 파쇄프로세스를 거치면, 반드시 파쇄잔재물이 발생하게 된다. 1990년대는 이미 자동차 보급율이 높아졌고, 수년 후에는 막대한 폐자동차가 발생할 것이 예상되고 있는 가운데, 테시마의 파쇄잔재물의 불법투기사건이 겹치면서, 폐자동차의 적정처리와 리싸이클, 환경오염의 모니터링이 중요한 환경정책으로 자리잡게 되었던 것이다.

한편, 철스크랩의 가격은 1980년대부터 하락을 거듭해서 2000년경에는 전후 직후의 수준인 톤당 1만엔 밑으로 떨어져버렸다(제3장의 그림 3-4). 전후 50년 이상의 세월이 지났지만, 철스크랩이 톤당 수천엔으로 거래되면, 판매가격보다 유통 및 가공비용이 더 들기 때문에 리싸이클을 할 이유가 없어지게 된다. 이는 폐자동차의 역유상(폐기물처리비를 지불)현상이 생긴다는 의미이며, 이렇게 되면 전국적으로 불법투기가 일어날 리스크도 높아진다. 게다가, 2000년 10월에 EU가 자동차제조사에 의한 폐자동차의 무상회수 및 환경오염물질의 원칙사용금지, 리싸이클율의 인증화 등을 명시한 「EU폐차지령(European union end-of-life vehicles directive)」을 공포하면서,[19] 일본 정부도 2005년에 「자동차리싸이클법」을 시행했다.

1955년 전후의 사회를 배경으로 폐차장에서 일하는 청년과 의사선생님의 딸의 러브스토리를 그린 「폐차(ぽんこつ : 퐁코츠)」

---

19) 大須賀 和美·大須賀 博 (2016) 『最新版自動車用語辞典』, 株式会社精文館

라는 소설이 있다.[20] 이 소설에는 자동차해체업을 「폐차장」이라
는 표현을 쓰고 있다. 교통정체나 여자대생의 급증 등 당시의 사
회상을 묘사하고 있는데, 자동차해체업은 사회 밑바닥의 일로,
기름범벅의 작업복에, 폐자장에서 더러운 물이 흘러나오고 검은
연기가 피어오르는 작업현장을 상상하게 된다. 재일동포의 고철
상도 폐차를 취급하는 곳이 많았고, 스크랩야드의 구석에서 폐차
를 해체하는 곳이 대부분이었다. 재일동포 3세 중에는 어렸을
때, 초등학교에서 돌아오면, 스크랩야드가 놀이터가 되는데, 아
버지는 현장에서 노는 아들에게 자석 벨트를 채워서, 놀면서도
고철을 주워오게 했다는 사람도 있었다.

    자동차는 제조단계부터 철을 중심으로, 알루미늄, 동, 유리,
플라스틱, 귀금속이나 희속금속 등 다양한 자원이 투입된다. 사
용단계에서는 대량의 화석연료(휘발유, 경유)를 소비하며, 배기가
스가 대기오염을 일으킬 뿐만 아니라, 교통사고로 인한 인적·물
적피해도 피할 수 없다. 그리고, 폐기단계에서는 폐유, 폐액, 폐
배터리, 폐타이어 등이 버려지며, 유해물질을 적정하게 처리하지
않고 방치하면, 심각한 환경오염을 일으키게 된다. 원래 자동차
용 콤프레서식 에어컨 냉매에는 「프레온(CFC12)」을 사용했었는
데, 1970년대에 프레온류에 의한 오존층 파괴문제가 큰 이슈가
되면서, 국제적으로 대체 프레온가스의 개발과 실용화를 서둘렀
다. 「프레온(CFC12)」은 1980년대 후반에 국제적으로 제조·수입
이 금지되고 나서, 그 대신에 「대체 프레온(HFC134a)」이 사용되
기 시작했다. 하지만,「대체 프레온」은 오존층 파괴를 멈추게 할
수는 있지만, 지구온난화영향계수가 아주 높은 온실효과가스

---

20) 阿川 弘之(2016) 『ぽんこつ』, 筑摩書房(復刻版)

그림 4-7 최신의 자동차 해체설비[22]

다.[21] 결국, 두 물질모두 지구환경에 악영향을 주기 때문에, 두 종류의 냉매를 회수해서 적정하게 파괴하지 않으면, 오존층 파괴와 지구온난화에 심각한 영향을 미치게 된다. 게다가, 전술한 바와 같이, 자동차 파쇄잔재물의 불법투기문제가 두 번 다시 일어나지 않도록 하기 위해서는 파쇄잔재물의 적정처리와 완벽한 모니터링을 해야 한다는 목소리가 높아졌다.

이처럼 「자동차리싸이클법」의 시행은 기존의 정맥산업의 이미지를 크게 바꾸는 계기가 되었고, 다양하고 복잡하며 광범위한 지구환경문제에 대한 대응을 촉진시켰다. 다시 말하면, 일본의 정맥산업의 레벨을 한 단계 높이는 계기가 됐다고 할 수 있다. 자동차해체업이나 철스크랩가공업은 지금까지의 폐차장의

---

21) 「特集新冷媒の基礎知識と対処法」, 月刊ボデーショップレポート, 2019年 1月号, p.22
22) 필자촬영(아오모리(青森)현, 토치기(栃木)현, 미야기(宮城)현)

어두운 이미지를 크게 바꾸고, 최첨단의 환경오염방지시설과 해체설비를 갖춘 자동차리싸이클업자로 변신하면서, 많은 업자들이 자동차리싸이클업계에 새롭게 진출한 시기이기도 하다.

매년 일본에서 발생하는 폐자동차는 약 300만대가 넘는다. <그림 4-8>은 일본의 폐자동차 발생대수를 나타내고 있다. 매년 경자동차의 발생이 늘고 있으나, 확실하게 300만대 이상의 폐자동차가 발생하고 있는 것을 알 수 있다. 국토교통성의 자료에 의하면, 자동차 1대의 평균중량은 경자동차가 약 885kg, 일반차량이 약 1,420kg라고 한다.[23] 또한, 자동차공업회의 자료에는, 2,000cc급의 자동차(공차중량1,214kg)의 철재보디의 중량은 343kg이다.[24] 이들 데이터를 근거로 차 1대당 총중량의 약 28%가 철이라고 가정하고, 2018년에 발생한 폐자동차, 일반차량 186만 3천대(철중량을 약 398kg로 가정), 경자동차 151만 6천대(철중량을 약 248kg로 가정)으로부터 회수가능한 철자원의 양을 시산하면, 연간 약 122만톤의 순수한 철스크랩(보디 한정)이 자동차리싸이클에 기인한다고 할 수 있다. 여기에 엔진, 차축 등의 보디 외의 철, 각종 비철, 귀금속류, 희소금속류, 플라스틱류 등의 재자원화도 가능하기 때문에, 자동차리싸이클은 그야말로 도시광산으로서의 잠재력이 아주 크다.

---

23) 国土交通省自動車局(2013),「自動車関係税制のあり方に関する検討会資料(資料3)」

24) 高 行男(2013) "自動車を構成する3大材料とボディ", JAMAGAZINE 2013年3月号, 日本自動車工業会

그림 4-8 폐자동차의 발생대수의 추이[25]

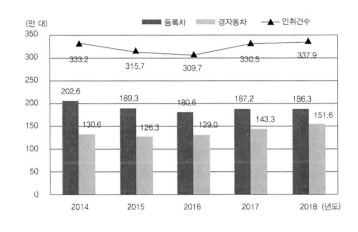

자동차리싸이클은 철스크랩의 모재확보라는 측면뿐만 아니라, 대기오염, 토양오염 등과 같은 환경문제해결과 귀금속이나 희소금속을 포함한 다양한 자원문제, 에너지의 유효이용, 오존층 파괴와 지구온난화와 같은 지구환경문제 등과도 밀접한 관계를 가지고 있다. 물론 자동차리싸이클법이 시행된 이후, 폐자동차의 불법투기는 거의 발생하지 않았으며, 지금까지 새롭게 파쇄잔재물의 불법투기도 발견되지 않았다. 특히 세계적으로 인기가 있는 일본차는 해외의 중고차, 중고부품의 수요가 왕성해서, 자동차리싸이클법이 본격적으로 시행된 후에는, 중고차나 중고부품의 수출도 순조롭게 증가하고 있다. 1990년대 초부터 철스크랩의 해외수출이 시작된 것과 함께, 2005년경부터는 국제적인 자원순환 네트워크(리유스·리싸이클)의 움직임이 본격화하기 시작한 것이

25) 自動車リサイクル促進センター(2019)『自動車リサイクルデータBook 2018』

다. 이 시기부터 정맥산업, 특히 자동차리싸이클업은 폐차장의 어두운 이미지에서 벗어나서, 환경오염방지, 환경비즈니스, 자원리싸이클에 대한 공헌을 강하게 어필하기 시작했다고 할 수 있다.

3. 재해폐기물처리의 귀중한 경험과 유대감

최근 세계 각국에서 지진, 쓰나미, 태풍, 홍수, 화산폭발, 대규모 화재 등과 같은 자연재해가 빈발하고 있다. 지금까지 발생한 자연재해의 크기나 피해규모의 몇 배가 넘는 대규모 재해가 세계 각지에서 계속 발생하고 있다. 대량생산·대량소비·대량폐기의 사회·경제활동을 계속한다면, 지구온난화로 인한 기후변동과 환경오염 리스크가 크게 늘어난다는 사실에 대해서, 세계 각국의 연구자들과 시민단체가 경종을 울리고 있지만, 지구환경문제해결의 위한 선진국 간의 합의조차 이루어지지 않은 채, 심각한 위기 상황을 맞고 있다. 이젠 지구온난화에 의한 영향을 「기후변동(Climate Change)」이라고 표현하기보다는, 「기후위기(Climate Crisis)」라고 하는 단어를 쓰기 시작했을 정도다.

일본은 세계적으로 유명한 지진대국이다. 1995년 1월 17일, 오전 5시 46분에 아와지지마(淡路島) 북부를 진원으로 발생한 「한신·아와지(阪神·淡路)대지진」은 매그니튜드7.3의 대도시 직하형(直下型) 지진으로, 고베시내부터 오사카, 고베지역에 막대한 피해를 입혔다. 이 지진으로 발생한 재해폐기물의 처리에는 오사카, 고베, 효고현에서 폐기물리싸이클업을 운영하고 있던 재일폐기물리싸이클회사들도 크게 공헌했었을 거라고 생각되는데, 이외로 이 지역의 조사기업 중에서는 「한신·아와지 대지진」에 대해서 언급한 회사는 없었다. 이미 25년의 세월이 지났기 때문에 기억 속에서 지워지기 시작했을지도 모르겠다. 한편, 「한신·아와지 대지진」에 비하면 재해의 규모가 더 큰데다 피해 범위도 넓고, 상상하기도 힘든 막대한 쓰나미의 피해가 있었던 2011년의 「동일본대지진」, 그리고, 아직도 기억이 생생한 2016년의 「쿠마모토(熊本)지진」의 재해폐기물처리는 재일 폐기물리싸이클업자의 존재와 역할이 매우 중요했다.

3.1 동일본대지진의 기억

2011년 3월 11일, 오후 2시 46분, 일본의 동북지방에 지금까지 경험한 적이 없는 큰 지진이 엄습해왔다. 매그니튜드9의 지진에 쓰나미, 원자력발전소 폭발사고, 각종 화재 등이 연속적으로 발생하면서 피해규모를 정확하게 파악하기 어려운 복합적인 피해를 입었다.[26] 필자는 토호쿠대학 가와우치캠퍼스에 있는 연구실에서 업무를 보고 있었는데, 40년 전에 지은 건물이 심하게 떨리고 요동치기 시작하면서 일순 생명의 위협을 느꼈다. 한겨울이었지만, 상의를 챙겨 입고 신발을 갈아신을 겨를도 없이, 돌발적으로 비상계단으로 향하고 있었다. 다시 한 번 몸을 가누기도 힘들 정도의 큰 지진이 오면서, 계단에서 넘어져서 미끄럼 타듯이 굴러 내려왔는데, 대학 건물을 돌아보는 순간 이미 옆 건물과 연결된 비상계단이 심하게 부딪히면서 계단 일부가 지면에 떨어지고 있었다. 그리고, 주차장에 주차되어 있었던 차들이 상하좌우로 심하게 움직이고 있었으며, 파괴된 옥상의 물탱크에서는 대

---

26) 平川　新, 今村　文彦　編著(2013)『東日本大震災を分析する』, 明石書店, pp.10－12.

량의 물이 엘리베이터를 통해서 현관 앞으로 흘러내리고 있었다. 그 당시의 공포는 지금도 선명한데, 마치 영화의 한 장면을 보고 있는 게 아닌가 하는 착각이 들 정도였다. 필자는 당시 다리를 다쳤었는데, 그 아픔과 추위도 느끼지 못한 채, 놀랐던 기억이 난다. 그 후에도 몇 번이나 강한 지진이 계속되었는데, 건물 안에 있던 학생들과 동료교원의 안부를 확인한 후, 이미 심하게 금이 간 건물로 들어가서, 책들과 실험장비 등이 산재해있는 연구실에서 간신히 상의와 자동차 열쇠를 찾아서 집으로 향한 것은 저녁 8시가 지나서였다. 실은 이 시간대까지, 필자는 동북지역에 시커먼 쓰나미가 들이닥쳤다는 것을 몰랐다. 대략 라디오 뉴스로부터 상황을 파악할 수 있었지만, 본 적도 없는 쓰나미가 어떤 피해를 줬는지는 알 길이 없었다. 실제로 센다이공항에 쓰나미가 들어오는 영상을 본인 눈으로 확인한 것은 지진 발생 후 약 1주일이 지나, 정전이 복구되고 나서이다. 한국에 계신 부모님과 친척들, 친구들이 필자보다 빨리 상황을 알 수 있었던 것이다. 어쨌든 지진이 난 다음 날부터 자전거로 대학에 나가서, 우선 반파 판정을 받은 대학 건물 앞에서 연구실의 대학원생들, 특히 유학생의 안부확인을 하고 있었다. 다행히도 필자가 지도하고 있던 학생들은 3일 후에 전원 무사가 확인되었고, 대학수업을 재개할 때까지 자택에서 대기하라는 지시를 한 다음에야 앞으로 이 사태를 어떻게 헤쳐 나가야 할지 생각할 수 있는 여유가 생겼다.

　　전기가 들어오면서 컴퓨터를 사용할 수 있게 됐고, 무선 네트워크 환경도 서서히 개선되기 시작하면서, 그동안 교류가 있었던 폐기물리싸이클회사들로부터 궁금했던 피해지역의 상황을 확인할 수 있었다. 왜냐하면, 텔레비전의 영상으로 보았던 쓰나미 피해의 광경을 보면서 막대한 재해폐기물이 발생했다는 사실을 알 수 있었고, 하루라도 빨리 인명구조와 복구활동을 하기 위해서는 우선 도로를 막고 있는 폐기물을 가능한 한 빨리 처리할 필요가 있다고 생각했기 때문이다. 피해지역까지 이동하기 위해서는 차를 이용할 필요가 있었지만, 센다이(仙臺) 시내에서 연료를 주입하는 것은 거의 불가능한 일로, 열지도 않은 주유소 앞에서 하염없이 주유의 순서를 기다릴 수밖에는 없었다. 할 수 없이 자전거로 이동할 수 있는 범위를 중심으로 피해지역을 방문하기 시작했는데, 차가운 바람 탓도 있었겠지만, 피해지역의 비참한 광경에 하염없이 눈물이 흘러내렸다.

당시 결정적으로 부족했던 것은 식료품과 일상용품, 전기, 가스뿐만 아니라, 정확한 정보였던 것 같다. 피해지역에 있으면서도 주변이 어떤 상황인지, 어떻게 행동하면 좋을지를 판단하기가 힘들었을 때, 메일이나 전화로 귀중한 정보를 제공해 준 것은 다름 아니라 정맥산업에 관여하고 계시는 분들이었다. 재일동포뿐만 아니라 필자가 알고 있던 모든 회사들로부터 다양한 정보를 수집할 수 있었다. 많은 분들이 '필요한 물건이 있으면 운송용 트럭으로 보낼 수 있다', '혹시 한국에 돌아가고 싶다면 가까운 공항(당시 센다이공항은 쓰나미피해로 폐쇄되었기 때문에, 300km 이상 떨어진 니가타나 아키타공항에 갈 필요가 있었다)까지 이동할 수 있을 수 있도록 동경에서 센다이까지 거래처들한테 부탁해서 릴레이방식으로 휘발유를 보내겠다', '동경에 오면 거주할 장소를 제공하겠다'는 등 너무나 감사한 제안을 받았었다. 실제로 지진 직후에 차를 운전해서 동경에서 센다이까지 온 한 회사의 사장은 필자와 함께 방사선량을 측정하면서 후쿠시마의 방사능 오염지역을 조사한 적도 있다.

3.2 재해폐기물처리와 동료애

진도7강의 지진이 있었던 미야기(宮城)현 북부에는, 미야기현 최대의 자동차리싸이클공장이 있다. 자동차해체공장에는 매일 백여 대의 폐자동차가 들어오는데, 이들 폐자동차에는 소량의 휘발유와 경유가 남아 있기 마련이다. 이 연료는 해체과정에서 회수되서 공장 내의 연료탱크에 보관된다. 이 연료를 직접 판매할 수는 없지만, 공장 내의 중기나 회사차 등에 사용하는 게 일반적이다. 즉, 자동차해체공장을 가지고 있는 폐기물리싸이클회사는 이 연료를 이용해서 피해지역을 돌아다니면서 재해폐기물의 발생상황을 파악할 수 있었다. 이 회사의 조사대는 지진 직후부터 쓰나미에 쓸려 나가서 비참한 모습으로 도로를 막고 서 있는 피해차량들의 이동과 처리를 위해서 발 빠르게 움직일 수 있었다. 그때의 영상과 각종 기록, 데이터들은 지금도 보관되어 있는데, 엄청난 피해를 입은 피해지자체는 무엇부터 시작해야 할지도 모른 채, 그저 미야기현과 일본 정부의 지시를 기다릴 수밖에 없었다. 수천 대에 이르는 피해 차량의 처리는 어느 부서가 관할인지, 누가 책임을 지고 지시를 내려야 하는지 이동하기 위한 중기와 인원, 그리고 그 비용은 누가 부담할 것인지, 차량 소유자는 어떻게 확인할 것인지, 자동차리싸이클제도와의 관계는 어떻게 해석해야 하는지, 엄청난 양의 재해폐기물의 처리를 경험한 적이 없는 피해지역의 지자체는 독자적으로 판단해서 지시할 수 있는 일이 아무것도 없었다.

이와 같이 혼란이 계속되는 가운데, 대지진이 발생한 지 3일 만에 이미 이 회사의 조사대는 피해지역의 지자체에서 통행허가서를 받아서, 피해차량의 이동·처리계획을 짜고 있었다. 필

그림 4-9　쓰나미 피해차량의 현지조사(필자)[27]
그림 4-10　후쿠시마 원자력발전소 주변의 피해자동차 현지조사(필자)[28]

자도 그들에게 정보제공을 받으면서, 작업원들과 함께 피해지역
에 들어가서 현장의 구체적인 상황을 조사했다. 또한 피해지역을
돌아다니면서 지자체의 인터뷰조사를 실시해서, 당시의 재해폐
기물처리에 관한 정책결정과정, 이동, 보관, 처리, 리싸이클과정
을 상세하게 분석하고 파악할 수 있었다. 다수의 사망자와 행방
불명자, 심각한 피해를 입고 패닉상태에 빠진 피해지역의 폐기물
행정은, 폐기물처리와 리싸이클 전문가인 그들에게, 피해차량의
소유자확인, 피해차량의 정보게시와 관리, 각종 문의 대응, 차량
의 이동 및 보관, 동록말소, 리싸이클 수속과 처리까지를 안심하
고 맡길 수 있었다고 생각한다. 지자체에 따라서는 정부의 관련
부처와 현의 지시를 기다리지 못하고, 민간업자의 힘을 빌린 것
에 대해서 불안해하거나, 다른 지자체나 관련동업자에게 비판을
받은 적도 있지만, 민간위탁으로 재해폐기물의 처리와 복구의 스

---

27) 재일 폐기물리싸이클회사와의 공동연구조사(미야기(宮城)현 다가죠(多賀城)시)
28) 「2011년도 토호쿠대학 총장재량경비사업(복구 및 재건지원) 연구대표: 유정수」
　　에 의한 지진피해지역 연구조사(후쿠시마(福島)현 소마(相馬)시)

피드를 높였기 때문에, 결과적으로는 높은 평가를 받았다.

다음은 쓰나미 피해차량의 처리뿐만 아니라, 쓰나미로 발생한 재해폐기물처리에 큰 공헌을 한 재일동포회사의 사례를 소개하려고 한다. 쓰나미피해가 컸던 해안부의 지자체는 도로가 절단되면서 재해폐기물의 임시보관장소의 확보가 어려웠는데, 큰 여진이 발생할 경우, 작업자들이 피난할 수 있는 장소를 확보하기가 어려웠다. 자칫하면 재해폐기물처리 작업 중에 2차 피해가 발생할 수 있는 급박한 상황이었지만, 일단 피해지역에서 재해폐기물을 운반하기 쉽게 1차 가공을 한 후, 신속하게 운반, 처리해야만 했다. 게다가 피해지역 주변에는 숙박할 곳이 전혀 없었기 때문에, 숙박장소에서 현장까지는 편도 2시간 이상의 거리를 이동해야만 했다. 익숙하지 않은 피해지역에 들어가서, 언제 다시 닥쳐올지 모르는 지진과 쓰나미의 공포를 견뎌가면서 작업을 하는 것은 피해지역에 사원을 파견한 사장도, 현지작업을 담당했던 종업원에게도 상당한 각오가 필요했을 것이다. 어떤 중기를 사용해서 가공하면 운반이 쉬울까, 각종 스크랩을 어떻게 분별해서 적재하면 작업효율이 좋아질까, 고도경제성장기부터 다양한 폐기물을 취급해 온 베테랑사원의 지혜는 재해폐기물처리에도 유감없이 힘을 발휘했다. 피해지자체의 신뢰, 피해지역 동업자와 주민들의 지원과 협력이 하나가 되어 동북지역의 피해복구는 점점 가속도가 붙기 시작했다. 피해지역에서 현장작업을 하고 있었던 작업원 한 명은 다음과 같이 당시를 회상하고 있었다.[29]

"마을 안에서 운반되어 온 재해폐기물 중에 금속스크랩을

---

29) Dust My Broom Project, http://dust-my-broom.jp/

이동식 프레스기로 압축처리를 하고 있습니다. 압축을 하면 지자
체가 곤란해 하고 있는 일시보관장소를 조금이라도 넓게 사용할
수 있습니다. 게다가 부피를 줄일 수 있기 때문에 운반할 때 차
량 한 대당 적재능력이 늘어나고, 반출 속도를 높일 수 있습니
다. 하루라도 빨리 처리하는 게 제 임무입니다. 처리를 빨리 끝
낼 수 있으면, 그만큼 피해주민들이 마을의 복구작업을 위한 첫
걸음을 빨리 내딛을 수 있으니까요. 그렇기 때문에 어떻게 하면
조금이라도 효율을 높일 수 있을까, 작업자 전원이 머리를 맞대
고 서로 협력하고 있습니다. 이런 경험은 처음이지만 제가 할 수
있는 일을 최선을 다해서 열심히 계속해 갈 뿐입니다."

  <그림 4-11>은 연안부의 피해지역에서 재해폐기물을 처
리하고 있는 광경이다. 주저하지 않고, 다양한 중기를 자유자재
로 운전하면서, 운반하기 쉽게 압축하고 있는 것을 한 눈에 알
수 있다. 주변에 쌓아놓은 각종 스크랩을 보면 아주 안정적이어
서 넘어지거나 무너지지 않도록 노력하고 있다는 것을 알 수 있
다. 실은 가운데 보이는 이동식압축기는 업계에서는 운용하기 어
렵고, 고장나기 쉽다고 알려져 있는데, 베테랑 종업원의 치밀한
운전계획과 관리로 매일 쉬지 않고 가동되고 있었다. 더 놀랄 만
한 일은, 이 중기는 쿠마모토현의 재일동포회사에서 보내져 온
것으로, 서슴지 않는 판단과 적극적인 행동이 현장을 움직이는
큰 힘이 됐다는 것은 말할 나위도 없다. 2016년에 쿠마모토 지진
이 발생했을 때는 반대로 동일본대지진의 귀중한 경험과 교훈이
토호쿠(東北)에서 큐슈(九州)로 전해져서 쿠마모토지진에서 발생
한 재해폐기물을 신속하게 처리했는데, 피해지역의 복구에 큰 공
헌을 한 회사는 다름이 아니라 이 이동식압축기를 보낸 회사였

그림 4-11   다양한 중기를 이용한 재해폐기물의 처리광경30)

다. 이야말로 끈끈한 동료애가 만들어낸 결과일 것이다.

최종적으로 동일본대지진으로터 발생한 재해폐기물을 적극적으로 이동・일시보관・해체, 그리고, 파쇄・재자원화한 것은, 재일동포가 운영하는 대형폐기물리싸이클업자 2군데였다. 게다가 쿠마모토지진의 재해폐기물처리에 크게 공헌한 것도 재일동포가 운영하는 회사였다는 점을 고려하면, 재일 폐기물리싸이클업자가 재해폐기물처리와 재자원화에도 큰 역할을 했다고 할 수 있다. 쓰나미에 의한 피해차량뿐만 아니라, 후쿠시마 원자력발전소 사고로 인한 방사능오염챠량도 취급해야 할지 모르는 심각한 상황 속에서도 양사의 재일동포 3세 경영자들은 필자와 연락을 취하면서, 악성 루머와 다양한 환경리스크, 비즈니스 리스크에도 굴하지 않고, 지진피해지역의 복구와 재건을 위해 최대한의 노력을 했다. 동일본대지진이 발생한 지 만 10년째가 되려고 하고 있지만, 후쿠시마 원자력발전소사고의 완전한 처리까지는 앞으로 몇 십 년이 더 걸릴지 모르는 상황이다.

요즘은 지진만이 아니라 큰 태풍이 발생해서 홍수, 산사태, 바람 피해를 받은 지자체가 많고, 각종 재해의 의한 피해차량의

---

30) Dust My Broom Project, http://dust−my−broom.jp/2011/09/

발생도 매년 증가하고 있다. 「자동차리싸이클 촉진센터」는 앞으로 높은 확률로 발생할 가능성이 있는 난카이(南海)트래프 지진에 대비해서, 2년 전에 지진이나 쓰나미로 발생할 피해차량의 적정처리와 재자원화를 위한 지자체용의 매뉴얼(『재난피해자동차처리에 관한 매뉴얼·사례집』)을 작성해서, 지자체 직원을 대상으로 강습회와 사례연습회를 실시하고 있다.31) 그리고, 작년부터는 홍수와 태풍피해에 의한 피해자동차에 관한 매뉴얼 작성과 강습회도 실시하고 있다. 이들 매뉴얼은 전술한 두 회사의 경험과 교훈, 실제의 처리실적과 사례, 관련정보의 주지방법, 처리수속의 안내방법 등을 참고로 만들어졌다. 필자는 이 사업의 현지조사를 실시했으며, 매뉴얼 감수자, 강습회의 기조강연자로서 참가하고 있는데, 양사의 실적을 각 지자체 직원들의 이해를 돕기 위한 중요한 사례로 소개하고 있다.

4. 두 번의 동경올림픽

대부분의 재일폐기물리싸이클회사는 2번의 동경올림픽을 경험하게 된다. 전쟁 전에 창업한 회사는, 1964년 동경올림픽 때부터 큰 제철회사와 거래를 시작해서 일정 규모이상으로 성장했다고 생각할 수 있지만, 전후에 창업한 회사는 아직 본격적인 투자를 한 상태가 아니었고, 정맥산업으로서 안정적인 조업을 할 수 없는 발전도상의 단계였기 때문에 동경올림픽의 은혜를

31) 公益財団法人 自動車リサイクル促進センター(2019) "大規模災害による被災自動車の適正処理に向けた自治体支援活動について", 「将来に伝えておきたい災害廃棄物処理のはなし」, 国立環境研究所 災害廃棄物情報プラットフォーム, https://dwasteinfo.nies.go.jp/archive/interview/jarc.html

입은 회사는 한정적이었을 것이다. 정맥산업은 2020년에 개최예정이었던(2021년으로 변경) 동경올림픽의 영향으로 수년 전부터 각종 인프라정비, 노후건물의 재건축 등이 이루어져서, 비즈니스 환경이 어느 정도 호전됐었다. 하지만, 매년 철스크랩의 수요가 증가하고 있던 고도경제성장기에 개최된 1964년의 동경올림픽과는 달리, 57년 만에 개최되는 2021년의 동경올림픽은 철스크랩의 리싸이클뿐만 아니라, 도시광산(비철과 귀금속류)에 주목하고 있다.

4.1 도시광산과 금메달

이번 올림픽은 환경배려형 올림픽 개최를 표방하고 있기 때문에, 자원리싸이클에 대해서도 강한 어필을 할 필요가 있었다. 가장 강한 인상을 주었던 자원순환은 금·은·동이 사용되는 모든 메달 제조에 재생자원을 사용하겠다는 프로젝트였다. 일명 「도시광산으로 만들자! 모두의 메달 프로젝트」다. 이 프로젝트는 동경올림픽에서 선수들에게 수여하는 금·은·동메달을 폐기된 휴대전화, 디지털 카메라, 컴퓨터 등의 소형가전에서 금속을 모아서 제작하는 것으로, 2017년 4월부터 2019년 3월까지 2년간에 걸쳐서 실시한 사업이다. 올림픽·패럴림픽은 금·은·동을 합쳐서 약 5,000개의 메달이 수여되지만, 2019년 3월에 이들 메달 제작에 필요한 금속량을 100% 회수할 수 있었다. 그 내역을 보면, 전국의 참가 지자체에 의한 회수(휴대전화를 포함한 소형가전회수)가 약 78,985톤, NTT도코모(통신회사)에 의한 회수(도코모 숍 약 2,300점포에서 휴대전화를 회수)가 약 621만대인데, 최종적으로 확보한 금속량은 금이 약 32kg, 은이 약 3,500kg, 그리고 동이 약 2,200kg에 달했다. 참가 지자체는 1,621곳까지 늘어서, 전국의

그림 4-11 「도시광산으로부터 만들자! 모두의 메달 프로젝트」[32]

90% 이상의 지자체가 참가한 것이 된다.[33]

　「도시광산」이라는 말은 우리들이 일상생활 중에서 쓰고 있는 여러 가지 제품 중에 포함되어 있는, 소위, 귀금속, 희소금속 등의 가치가 높은 비싼 자원을 효율적으로 리싸이클해서 유한한 자원을 유효하게 이용하는 것이다. 동경올림픽 메달 프로젝트에서 수집했던 휴대전화, 디지털 카메라, 게임기 등의 소형가전은 비교적 라이프 싸이클이 짧고, 신제품이 나오면, 구형 상품이 대량으로 버려지기도 한다. 예를 들면, 조금 전까지는 폴더폰 휴대전화가 주류였지만, 최근에는 스마트폰을 사용하지 않는 사람이 드물 정도다. 또한 자동차의 음악 플레이어도 2000년 전반까지는 CD 카세트 라디오 플레이어가 일반적이었는데, 그 후에 MD 플레이어와 MP플레이어라고 하는 새로운 기기가 발매되더니, 요즘은 스마트폰을 자동차에 블루투스로 연결해서 음악을 즐기게 되었다. 10년도 지나지 않았는데 계속 신제품이 발매되는 것은,

32) 公益財団法人東京オリンピック・パラリンピック競技大会組織委員会,
　　https://tokyo2020.org/jp/games/medals/project/
33) 公益財団法人東京オリンピック・パラリンピック競技大会組織委員会(2019)
　　「都市鉱山からつくる！みんなのメダルプロジェクト」について,
　　https://tokyo2020.org/jp/games/medals/project/

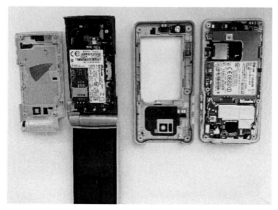

그림 4-12　해체한 휴대전화의 내부(폴더폰과 스마트폰)[36]

경제활동을　활성화하는 효과가 있겠지만, 동시에 대량의 폐기물이 발생한다는 것을 의미한다. 한편,　도시광산의　중요한 타깃으로　주목하고　있는 휴대전화는 이미 2019년의 전국등록대수가 1억 7천 847만대를 넘어서 일본의 총인구보다도 많지만,[34] 평균적인 사용연수는 3.6년에 불과하다.[35]

　　소형가전은 건물이나 자동차와 같이, 자원이 도시 안에 장기적으로 축적되지 않기 때문에, 폐기제품의 회수효율을 높일 수 있으면, 자원순환효율도 높아진다. 문제는, 신제품을 사서 더 이상 사용하지도 않는 가전제품이나 휴대폰 등이 폐기물로 배출되지 않고 오랫동안 집 안에 그대로 남아있을 경우, 자원순환 프로세스가 원활하게 돌아가지 못하게 된다는 것이다. 일본정부는 이러한 소형가전을 국내에서 재자원화할 수 있게 하는 수단으로 2013년부터 「소형가전리싸이클법」을 시행하고 있다. 거의 모든

34)　一般社団法人電気通信事業者協会, https://www.tca.or.jp/database/2019/

35)　柿沼　由佳(2016)"携帯電話の買替え周期から持続可能な社会を考える－紛争鉱物を使用する情報通信機器－",「消費生活研究」, 第18巻1号, http://nacs.or.jp/kennkyu/paper/%ef%bc%9c研究論文%ef%bc%9e携帯電話の買替え周期から持続可能/

36)　필자촬영(이와테(岩手)현)

천연자원을 수입에 의존하고 있는 일본으로서는 귀금속이나 희소금속류의 국내자원순환을 촉진하고, 자원의 수입량을 줄이는 것은 물론, 최대한 자원의 해외유출을 막기 위해서라도 「소형가전리싸이클법」의 도입이 중요하다고 생각했기 때문이다. 그러나, 이 제도는 강제력이 없는 촉진법이라는 틀에서 운용되기 때문에, 폐휴대전화, 컴퓨터, 디지털카메라 등 자원가치가 높은 소형가전의 회수량이 늘지 않고 있다. 이 문제의 해결방법의 하나로, 국민들의 관심이 높고, 발군의 홍보효과를 볼 수 있는 동경올림픽이라는 대 이벤트에 주목한 것이다. 자기가 가지고 있던 휴대전화로 올림픽의 메달을 만든다는 것은 각 가정에서 잠자고 있는 소형가전의 배출을 유도해서 리싸이클공정에 투입하는 효과뿐만 아니라, 국민전체의 환경의식(리싸이클 협력행동)을 높이는 좋은 기회이기도 했다. 당초 예상보다 긴 시간(2년)이 걸렸지만, 일단 목표로 하고 있던 금·은·동은 확보했기 때문에, 프로젝트 자체는 성공했다. 단, 한편으로는 「소형가전리싸이클법」이 제대로 기능하지 않고 있었다는 것과 국민들의 자원리싸이클의 협력행동에 한계가 있다는 것을 반증하고 있다.

4.2 「인증사업자」의 의미

원래 「소형가전리싸이클법」은 「인증사업자」라는 시스템이 있다. 지자체가 주체가 돼서, 시청이나 마을집회소 등의 회수 박스나 지정된 회수 스테이션에서 소형가전을 회수하는데, 회수한 소형가전을 인수받을 수 있는 것은 환경성과 경제산업성으로부터 인증을 받은 「소형가전리싸이클법」상의 「인증사업자」다. 「인증사업자」는 적정한 리싸이클을 실시하는 자로서, 회수된 소형가전에서 귀금속이나 희소금속 등의 유용자원을 선별, 회수, 재자원화하고 있다.[37] 즉, 폐기물리싸이클업자라고 해서 누구나 바로 「인증사업자」로 인정받을 수 있는 게 아니다. 유용자원의 재자원화를 위해서는 다양한 리싸이클설비를 갖추고 리싸이클공정에서 발생하는 폐기물을 무해화해야 하기 때문에, 자사뿐만 아니라, 관련업자(모든 거래처)가 국내에서 자원순환을 했다는 것을 증명해야만 한다. 그렇기 때문에 각 지자체는 지역의 리싸이클업체와 연계해서 가능한 한 「지역특성(지역 내 자원순환)」이 발휘될 수 있도록 노력하고 있으나, 실제로 일정한 회수량확보와 주민계몽에 한계가 있고, 「인증사업자」는 '본업을 통해서 지역진흥에 공헌하겠다'라고 생각하면서도, 소형가전리싸이클제도의 「인증」의 의미에 대해서 고민을 하고 있다. 순환형사회를 구축하기 위해서 필요한 것은 가전메이커, 자동차제조사, 통신·정보 서비스회사 등의 제조업·소매업·서비스업이라고 하는 동맥산업과의 연계를 강화해 가는 것이 매우 중요하다. 필자의 연구실이 2014년에 실시한 「인증사업자」의 인터뷰 결과를 보면, 국가의 「인증」을 딴다는 것은 판로를 국내로 한정한다는 의미로, 기존의 국제적인 자원순환루트를 이용하지 못하게 되기 때문에, 결과적으로 「인증」의 이점을 느낄 수 없다고 말한 인증사업자도 있었다.[38] 소형가전리싸이클의 「인증사업자」는 각 지역의 유력 리싸이클업체가 지정되어 있는데, 전국 각지의 「인증사업자」는 재일동포기업의 존재감이 커서, 회수율 향상과 리싸이클 제도의 개선을 위해서 많은 노력을 하고 있다.

---

37) 小型家電リサイクル認定事業者協議会, http://www.sweee.jp/

38) 齋藤 優子·劉 庭秀(2015)"日本における小型家電リサイクル政策の現状と課題-自治体および認定事業者の実態調査分析を中心に-", Macro Review, 28卷 1号, 日本マクロエンジニアリング学会誌, pp. 1-12.

리싸이클 비즈니스로서는 이익이 나지 않고, 경영면에서도 특별한 이점이 없어도, 지자체의 폐기물행정을 지원하고 국내의 도시광산(국내자원순환)을 활성화하기 위해 노력하는 모습은, 그야말로 지역을 아끼는 마음과 정맥산업에 대한 자부심이 아닐까 생각한다. 참고로 재

그림 4-13 소형가전에서 회수된 전자기판39)

일동포인 S사 사장은 「소형가전리싸이클 인증사업자협의회」의 회장직을 맡고 있는데, 2019년에 환경성장관과 경제산업성장관에게 「소형가전리싸이클제도의 개정에 관한 의견·요망서」를 제출한 바 있다.

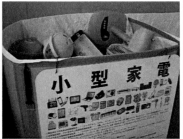

그림 4-14 소형가전 회수박스40)

---

39) 필자촬영(니가타(新潟)현 기판네트워크)

40) 필자촬영(아오모리(靑森)현·에히메(愛媛)현)

5. 무대를 넓혀서

본격적으로 철스크랩을 해외에 수출하게 되고 나서는 재일동포가 운영하는 폐기물리싸이클회사도 국내중심의 비즈니스에서 국제무역으로 활동무대를 넓히기 시작했다. 특히 철스크랩의 주요 수출국인 한국, 즉 조국과의 거래는 각별한 의미가 있었을지도 모른다. 1990년대 말부터는 재일동포 3세가 대학을 졸업하고 회사경영에 참여하기 시작하는데, 그들이 생각하는 조국과, 할아버지나 아버지가 생각하는 조국은 큰 차이가 있었다. 지금도 사장이 한국국적을 가진 채, 회사를 경영하고 있는 곳도 있지만, 2대째 사장부터는 일본으로 귀화한 경우가 많고, 한국말이나 문화, 역사를 접할 기회가 적어진 만큼, 우리나라와의 무역은 조국을 위해서 자원을 수출한다는 의미보다는, 비즈니스를 하는 데 있어서 하나의 옵션이라고 생각했을지도 모른다. 실제로 재일동포기업 중에는 해외수출에 대해서 관심이 없고, 일본국내의 큰 제철소, 제련회사에 원료를 공급한다는 것에 대해 더 큰 자부심을 가지고 있어서, 일본의 대기업과의 거래를 중시하는 회사도 많았다. 반대로 한국과의 거래를 최우선으로 생각하는 회사도 있어서, 같은 조건이라면, 혹은 조금 나쁜 조건이라도 한국의 대기업에 수출하는 것을 선호하는 회사도 있었다. 특히 국내외의 대기업과 거래를 할 때, 큰 상사의 힘을 빌리지 않고, 직접납품이나 직접판매의 권리, 장기계약 등을 체결하는 것을 자랑으로 생각하는 곳도 많다.

2005년의 「자동차리싸이클법」이 시행되면서, 중고부품 및 중고차수출 등으로 사업 분야가 넓어지면서, 직접 해외로 진출하는 사례도 늘었다. 하지만, 해외진출국으로 한국을 선택한 회사는 드물어서, 재일동포가 우리나라에 폐기물리싸이클회사를 설립한 경우는 거의 없다. 한편, 재일동포회사 중에는 본업인 리싸이클이 아니고, 한국의 영화제작과 음악프로듀스 등의 엔터테이먼트사업을 성공시킨 회사도 있다.

5.1 거대중국시장과 해외진출의 리스크

비철스크랩이 강한 P사의 경우, 인건비가 비싼 일본에서 리싸이클하기 어려운 잡선(雜線)을 중국에 수출하고 있었는데, 중국의 폐기물자원의 수요와 잠재력이 매우 크다고 판단해서, 중국 본토에 직접 폐기물리싸이클공장을 세우게 된다. 2018년부터 중국의 폐기물자원수입금지가 시작되기 전까지, P사의 잡선수출량은 국내 1위였는데. 이런 실적을 쌓을 수 있었던 것도 중국본토에 자사공장을 가지고 있었기 때문이다. 이 회사는 선견지명이 있었는지, 중국의 폐기물자원수입금지정책이 발효되기 수년 전에 중국공장을 폐쇄하고, 지금은 일본국내의 리싸이클사업에 주력하고 있다.

중국은 폐기물자원의 블랙홀이라고 불려질 정도로, 세계 최대의 리싸이클 시장이다. 거대중국시장에 주목해서 국내외의 리싸이클공장을 각 시장의 수요에 맞춰서 유의적절하게 사용하고 있었다는 것은 선진적인 경영방침이었을지도 모른다. 물건을 수출하는 것뿐만 아니라, 직접 현지에서 가공, 생산, 판매하는 것은 여러 가지로 이점이 있었을 것이다. 그 대신에 정치나 정책 리스크, 현지공장의 경영리스크(현지인의 고용, 상습관과 같은 비즈니스환경), 환경오염 리스크 등이 있었던 것도 부정할 수 없을 것이다. 실제로 일본의 동업자 중에는 중국에 자사공장을 만든 회사가 많은데, 이러한 리스크를 제대로 대처하지 못한 채 금방 문을

그림 4-15 중국공장의 잡선가공[41]

닫아버린 곳도 많다. 예를 들면, 종업원들에 의한 도난사고가 너무 많았던 탓에 정확한 재고관리를 못하게 되면서, 적자규모가 커져서 공장을 폐쇄한 케이스도 있다.

5.2 국제협력의 어려움과 새로운 가능성

S사의 경우, 당시는 아직 아무도 진출한 적이 없는 아프리카의 정맥산업을 개척하기 위해, 과감하게 해외진출을 결심한 케이스다. 일본의 중고차가 본격적으로 수출되기 전에, 아프리카 각국의 정맥산업의 선구자가 되겠다는 생각으로, 모잠비크의 신비즈니스 개척에 도전한 것이다. 처음에는 일본의 국제협력기구(JICA)의 프로젝트의 일환으로 진출을 검토했었던 모양인데, 제안사업이 채택되지 않아서 단독투자로 해외진출을 했다고 한다. 언어는 물론 음식이나 문화가 완전히 틀린데다 치안이 안 좋은 나라였기 때문에 스크랩이나 중고차를 보관하는 야드에는 소총을 든 경비원이 상주해야만 하는 상황이었다. 목숨을 건 해외진출이라고 해도 과언이 아니다. 실제로 이 회사 사장은 화려한 스포츠 웨어와 런닝 슈즈를 착용하고 조깅을 하면서 강도의 습격을 당한 적도 있다고 했다. 일본인 종원업을 상주시키고, 사장 본인도 현지 방문을 거듭하면서 몇 년 동안이나 고생을 했지만,

---

41) 필자촬영(중국 상해시 주변)

결국은 아프리카에서 정맥산업을 정착시키기는 것은 시기상조라
고 판단했다고 한다. 하지만 아프리카에 진출했던 재일동포 3세
의 사장은 지금도 신흥국에 진출하는 것을 포기하지 않고 있다.
옛날에 재일한국인들이 폐품회수업을 시작한 시기를 생각하면,
가난한 나라에 제대로 된 정맥산업을 만드는 것이 빈곤과 차별
을 없애는 방법이라고 생각하는 마음이 강하기 때문일 것이다.

　　일본 국내의 고령화, 저출산이 진행되는 가운데, 장래의 정
맥산업의 비즈니스 환경도 그리 밝지는 않다. 이에 반해, 경제발
전과 인구증가가 계속되고 있는 개발도상국에서 새로운 비즈니
스 찬스를 찾는 것과 동시에 국제협력에 의한 기술이전, 노동력
확보를 포함한 인재육성 등, 앞으로도 해외진출에 대한 수요는
높아질 것으로 생각된다.

　　한편, 국제협력이라는 의미로의 해외진출도 보인다. Q사의
경우, 우리나라와 중국을 필두로, 아시아 각국으로부터 폐기물의
수집·운반·가공·리싸이클·최종처분까지의 모든 노하우를 전부
제공해달라는 오퍼가 끊이질 않고 있다. 각국에서는 안이하게 플

그림 4-16　JICA국제협력사업의 조사와 문화교류[42]

---

42) 필자촬영(몽골)

랜트, 관리방법과 경험, 인재육성까지 패키지로 지원하는 계약체결을 원하지만, 폐기물리싸이클사업을 그리 간단하게 궤도에 올리는 것은 불가능하고, 이런 지원을 할 수 있는 체제를 정비하는데는 많은 시간이 걸린다. 이 회사에는 매년 20여 차례의 견학, 시찰 의뢰가 있는데, 외부 손님들의 대응만으로도 많은 노력과 시간을 투자하고 있다. Q사는 국제협력기구(JICA)의 국제협력사업으로서 몽골의 철스크랩 비즈니스의 기초조사를 실시했고, 베트남의 일반폐기물처리와 리싸이클시스템의 구축을 위한 기초조사를 진행했으며, 환경교육사업을 제안하는 등, 지속가능한 폐기물관리를 통한 국제협력을 구상하고 있다.

우리나라에 직접 진출하는 게 아니라, 자사의 중고설비를 판매해서, 그 노하우를 이전시킨 회사도 있다. D사는 대형파쇄기(슈레더)를 갱신할 때, 긴 세월동안 꼼꼼하게 정비하고 소중하게 사용해 왔던 중고대형파쇄기 1식을 한국의 스크랩가공업자에게 판매했다. 한국국내에는 아직 대형파쇄기가 흔치 않았는데, 이 회사는 이 설비를 도입함으로써, 고품질의 철스크랩을 생산해서 제철회사에 납품을 할 수 있었다고 한다.

이처럼 재일 폐기물리싸이클회사들은 철스크랩의 국내판매나 조국과의 비즈니스에 관계없이 다양한 종류의 폐기물자원을 취급하면서 국내외의 자원순환과 유통을 추진하고 있다. 또한 해외진출에 의한 개발도상국의 정맥산업지원과 육성, 국제협력사업에 의한 지속가능한 사회형성과 새로운 정맥산업의 창출, 그리고 인재육성과 환경교육 등 그들의 활동무대는 더욱 넓어지고 있다.

제5장

세대교대와 경쟁격화
: 새로운 연계·경쟁에서 공동가치 창조로

1900년대초에 재일동포 1세가 도일한 후, 그 일부가 폐품회수업이나 고물상을 시작한 지 100년 이상의 세월이 흘렀다. 재일동포 1세는 유교사상과 교육의 영향으로 조상과 조국에 대한 마음이 간절했고, 항상 모국에 은혜를 갚아야 한다는 것과 언젠가는 꼭 귀국하겠다는 마음을 가지고 있었다. 한편 일본에서 태어난 재일동포 2세는 아버지의 영향이 강했지만, 일본에서 교육을 받았기 때문에 일본문화와 생활에 동화되기 시작했던 탓에, 재일동포 1세와 똑같은 마음을 가질 수는 없었다.

1. 재일동포 2세와 3세 경영자

하시모토(2018)는, 재일동포 2세는 구식민지에서 이주한 재일동포 1세와 일본 정주가 명확해진 후에 태어난 재일동포 3세의 사이에 존재했기 때문에, 과도하게 수동적인 존재였다고 정의하고 있다. 그렇지만, 일본 패전 이후부터 고도경제성장기에 성장한 재일동포 2세는 일본사회의 생활수준향상과 한일관계의 심각한 갈등을 목격했기 때문에 부모와는 많은 부분에 있어서 차

이가 있었으며, 재일동포 2세는 부모가 태어나서 자란 환경과 문화를 알기도 이해하기도 어려웠기 때문에 이런 것들이 일본에서의 사회생활에는 불리한 점으로 작용했다고 분석하고 있다.[1] 다케나까(2015)는 일본의 외국인정책과 재일한국인의 사회운동을 시대별로 구분했는데, 일본 패전 이후부터 1965년경까지를 「본국지향의 자위적인 운동 ; 민족교육과 귀국운동」, 1960년대 후반부터 1970년대까지는 「정주화와 권리획득운동 ; 한일조약과 법적지위」, 1980년대는 「주민으로서의 권리획득운동 ; 지문거부와 지자체시책전개」, 1990년대부터는 「고령화와 전후보상 ; 참정권, 연금문제, 요양보험문제」, 2000년 이후는 「복지 ; 고령화고립과 요양보험문제」로 정리하고 있다.[2]

재일동포2세의 사장은, 선대가 쌓아올린 사업기반을 중심으로 창업한 케이스가 많다. 지금은 거의 잊어버렸지만, 민족교육을 받았기 때문에 한국말을 할 수 있는 사람도 많다. 또한, 귀국운동이 한창일 때 북한으로 이주하려고 했을 정도로, 이 시기까지는 일본에서의 정주도, 기업으로서의 성공에도 확신이 없었던 것이다. 단, 1960년대 후반부터는 일본의 정주가 기정사실화 됐기 때문에, 지역의 신뢰를 받는 일본 기업으로서 성공하는 것만을 생각하고 노력해왔다. 재일 폐기물리싸이클업자는 1970년대까지 정주화와 권리획득 문제에 관심을 가졌었지만, 1980년대 이후의 사회운동에는 관심을 보이지 않았던 것 같다. 선조의 도일시기가 빠른 경우, 재일동포 2세 사장도 재일동포 1세와 다름

---

1) 橋本 みゆき(2018) "貧困の語り 在日韓国・朝鮮人2世における生活文化の経験と(再)解釈", 「日本オーラ・ヒストリー研究」, 第14号, pp.97-99.

2) 竹中 理香(2015) "戦後日本における外国人政策と在日コリアンの社会運動", 「川崎医療福祉学会誌」, Vol. 24, No.2, pp.132-137.

없이 유교적 사상을 가지고 있었다. 그 외의 재일동포 2세 사장들은 본인이 재일동포라는 것에 대해서 특별한 생각이나 자부심을 느낀 게 아니라, 도대체 조국은 자기에게 뭘 해 주었는지, 또는 자기 자신은 조국을 위해서 뭘 해야 하는지에 대해서 복잡한 심경을 토로했다. 하지만, 역시 재일동포1세의 영향이 강해서, 지금도 국적을 바꾸지 않은 채, 한국인으로서 정주의 길을 선택했는지도 모른다.

　　재일동포1세 중에는 일본 사회에서 성공하려면 고학력자가 되어야 한다는 일념으로 공부에 몰두한 사람도 있었다. 하명생(1998)의 논문에 의하면, 동경대학 경제학과 졸업 후, 공인회계사에 합격했음에도 불구하고, 회계사 등록을 못하게 되자, 빠칭코하고 고기 집을 전개하는 '광복산업'을 세운 '염태영', 와세다대학 법학대학원을 졸업하고 사법시험에 합격했지만, 청바지 의류도매중개업 '금강'을 세운 '김종덕', 중앙대학 법학과를 졸업하고, 고등시험행정과시험에 합격했지만, 국가공무원에 임용되지 못한 채, 고무피혁제조업 '향산고무'를 설립한 '이영수' 등의 예를 들고 있다.3) 유명한 회사에 취직을 하든지, 전문직을 가지려고 노력을 해 왔던 재일동포 1세는 평등한 기회를 갖지 못하고 취직차별을 받을 수밖에 없는 상황이었기 때문에, 소위 「하층산업4)」을 창업한 경우가 많은데, 하층산업의 하나인 정맥산업도 이러한 배경을 가진 사람이 적지 않다.

　　세월이 지났지만 재일동포 2세도 이러한 경향은 크게 개

---

3) 河 明生(1998) "日本におけるマイノリティの「起業者精神」－在日一世韓人と在日二・三世韓人との比較－", 「経営史学」, 33巻 2号, pp.58－61.
4) 상동, 하 명생은 위의 논문에서, 소위 3K(더럽고, 힘들고, 위험한) 산업을 「하층산업」이라고 정의하고 있다.

선이 되지 않았기 때문에, 취지차별로 하층산업에 종사하기로 결심한 사람이 많다. 하지만, 정맥산업의 경우, 재일동포1세가 기본적인 사업기반을 다지고 나서, 2세가 회사를 설립한 후에, 3세가 회사 경영을 계승한 경우가 많다. 대부분의 회사는 재일동포 2세 때보다 3세 때가 회사 규모를 키우고, 사업범위를 넓히는 경향이 있어서, 국제적인 무역과 해외진출에 대한 관심도 커졌다.

2. 세대교대의 물결

당연한 결과일지 모르지만, 세대교체로 인해 조국에 대한 마음은 조금씩 작아지게 되었고, 일본인과 결혼하는 사람, 일본 국적을 취득하는 사람이 늘어서 언어와 문화, 생활면에서도 일본 사람과 다른 점이 없었다. 그러나, 재일동포 3세도 한국 사람이라는 것으로 이지메나 차별을 경험한 사람도 있다. 이번 조사에서는 정맥산업에 종사하고 있는 재일동포 3세를 크게 두 패턴으로 나눌 수 있었다. 혹시 학교 내에서 이지메나 차별이 있었다고 해도 대부분은 지기 싫어해서, 아주 좋은 성적으로 일류대학에 진학한 사람, 성적도 나쁘지는 않았으나 주먹이 세서, 주변 친구들이 무서워하는 존재였던 사람도 있다. 전자는 대학에서 경영학이나 경제학을 공부한 사람이 많았고, 해외유학이나 왕성한 스포츠 활동을 통해서, 전문지식습득은 물론 폭넓은 인맥을 만들었고, 이러한 경험을 잘 활용해서 유능한 경영수완을 발휘하고 있다. 후자는 젊었을 때는 폭주족으로 유명해서 폭력적으로 비춰진 사람도 있었지만, 절대로 약자를 괴롭히거나 범죄를 저지른 적이 없어서, 오히려 주변에서 친구들이 많이 따르는 존재였다고 한다. 이런 사람들 중에는 해외에서 생활했던 경험이 있거나, 아예 다른 업종에서 다양한 경험을 한 사람도 있는데, 대학에 진학해서는 사회와 정맥산업의 관계, 한일관계, 국제관계 등을 공부한 사람이 많다. 이런 경영자들은 예의가 바르고, 리더십이 강하기 때문에 주변 사람들에게 친근감을 주는 존재로서 지역의 폐기물행정은 물론 다른 업종과의 교류, 연계에 강하다.

또한, 재일동포 3세의 특징으로서는 다른 폐기물리싸이클회사에서 연수를 받으면서 다양한 기술과 노하우를 배웠다는 점이다(실제로 일정기간 취직한 경우도 있다). 같은 지역의 회사가 아니라, 가능한 먼 곳에 의뢰한 경우가 많았는데, 예를 들면, 동북지역에서 관서, 관서에서 동북의 회사에서 연수한 사람이 많은 것은 주변의 라이벌 회사를 피한 것으로 생각된다. 하지만, 반드시 재일동포 회사에서 연수를 고집한 게 아니고, 일본의 큰 리싸이클회사에서 연수를 받은 사람도 많아서, 연수를 받은 회사와는 그 이후에도 아주 좋은 관계를 유지하고 있다.

S사의 3대째 사장은 대학에 진학해서 철스크랩의 국제적인 자원순환에 관한 졸업논문을 작성하면서 본업의 국제화 과제와 그 중요성에 대해서 상세하게 분석했다고 한다. 아마도 당시 우리나라가 철스크랩을 수입하기 시작한 것에 대한 관심이 컸던 걸로 생각된다. 이 사장은 대학 졸업 후에 직접 대형 트럭을 운전하면서, 스크랩영업, 수집운반, 판매를 경험했고, 경제이론과 정맥산업의 현실의 차이를 극복해보려고 노력했다고 한다. 최근에는 리싸이클효율을 높이기 위해서, 폐기물로 버려지는 파쇄잔재물, 폐태양광패널 등으로부터 유용자원을 회수하는 장치개발과 선별실험을 계속하고 있다. 이는 정맥산업이 「하층산업」이 아니고, 「중요산업」으로서 인정받기 위한 노력이 아닐까?

Q사는 2명의 형제가 있는데, 형은 대학에서 경영학을 공부해서 회사경영에 수완을 발휘하고 있고, 동생은 기계공학을 전공해서 각 리싸이클공장이나 엔지니어링부문을 지원하고 있다. 두 사람은 명문사립대학의 경영학과와 구제국대학의 공과대학을 졸업했고, 해외유학의 경험도 가지고 있다. 물론 영어도 유창해서, 형은 우리나라뿐만 아니라 중국, 동남아시아 각국과의 비즈니스를 개척했고, 국제회의나 학회에서 발표를 하는 등 다방면에서 활약하고 있다. 그리고, 동생은 국제적인 환경전이나 박람회를 시찰한 후 최신의 리싸이클설비를 도입해서 자사공장의 리사이클 프로세스를 최적화하면서, 스스로 리싸이클설비의 설계와 개발을 하는 등, 정맥산업의 국제화와 설비의 선진화를 선도하고 있다.

재일동포 3세인 T사 사장은, 한국인 집단거주지에서 태어나 어린 시절에는 민족학교를 다녔는데, 당시는 주변의 주민들이 거의 한국 사람들이었기 때문에, 마치 한국의 어느 마을에 살고 있는 듯한 착각에 빠질 정도였다고 한다. 현재도 이 도시에는 '아리랑', '어머니' 등이 한글 간판이 눈에 띄며, 불고기, 곱창, 김치, 나물, 떡 등의 한국가정식 요리를 팔고 있는 가게가 굉장히 많다. 일본의 대형조선소가 있기 때문에 한국에서 취직하러 도일한 사람과 징용공으로 끌려온 사람들의 집단거주지였던 것이 이런 상황을 만들었던 것이다. 이 사장은 초등학교부터 민족학교에 다니고 있었기 때문에 어릴 적에는 한글을 읽고 쓸 줄 알았고, 한국말도 할 수 있었다. 도중에 민족학교를 그만두고 일본학교로 전학했을 때 얼마 동안 이지메가 있었지만, 싸움도 강했고 지기 싫어하는 성격이었으며, 재일동포가 많이 사는 지역이라 학교생

활에 어려움을 겪은 적이 별로 없었다고 했다. 그보다는 아버지
와의 관계가 좋지 않아서 대학 졸업 후에는 리싸이클회사를 물
려받을 생각은 전혀 하지 않고, 리싸이클과는 관계없는 회사에서
활약하고 있었다. 단, 타분야라고 해도 재일동포가 경영하는 유
기업에 근무하고 있었다고 하는데, 재일동포 3세로서는 드물게
항상 조상과 조국을 생각하는 마음이 강했다고 한다. 이것은 재
일동포의 집단거주지에서 태어나, 유교사상과 고향, 그리고 조상
을 소중하게 생각하고 있었던 아버지의 영향이 컸던 것이 아닐
까 추측해본다. 왜냐하면, 그토록 사이가 안 좋았던 아버지가 병
으로 쓰러졌을 때, 전혀 교류를 하지 않고 있었던 그가, 바로 집
으로 돌아와서 그토록 하기 싫어했던 리싸이클사업의 계승을 곧
바로 결심한 사실이 이를 증명한다. 그의 마음 깊숙한 곳에는 자
신도 모르는 사이에 아버지로부터 유교사상인 효도와 보은의 마
음이 전해져 있었는지도 모른다. 결과적으로 그는 아버지가 이루
지 못했던 사업규모확대를 실현해서, 지금은 일본의 정맥산업을
리드하는 존재가 되었다.

　　마지막으로 R사의 3대째 사장은 프로야구선수에서 폐기물
리싸이클업으로 전신한 사람이다. 그는 큐슈의 야구명문고등학
교의 주장을 맡았던 야구 엘리트로, 고등학교 졸업 후, 프로야구
선수로서의 활약이 기대되고 있었다. 그는 기대했던 대로 유명프
로야구구단에 드래프트 4위로 지명을 받아서 프로야구선수의 길
을 걷게 된다. 그가 프로야구선수가 돼서 마을을 떠날 때는 주민
들이 격려회를 마련해서 그의 성공을 마을 전체가 응원했다고
한다. 할아버지가 전후에 정처 없이 떠돌다가 정착해서 마을의
독지가의 도움으로 고철상을 기업했고, 마을 주민들의 지원으로

성공한 것처럼, 그 또한 마을의 자랑으로 사랑받았던 것이다. 그
는 프로야구선수를 은퇴한 후 3대째 사장으로 취임해서 회사의
재도약을 위해서 활약했으며, 대규모 재해가 발생했을 때는 재해
폐기물처리에도 크게 공헌했다. 이 사장은 한일교류에도 적극적
이어서, 매년 동업자는 물론 한국으로부터 수많은 시찰단을 받아
들이고 있다.

3. 비즈니스 환경의 급변

3.1 경제성장의 한계

<그림 5-1>은 한중일의 실질 GDP성장률을 보여주고 있
다. 제3장에서 언급했듯이 일본은 1990년대초부터 철스크랩 자

그림 5-1 실질GDP성장률의 추이5)

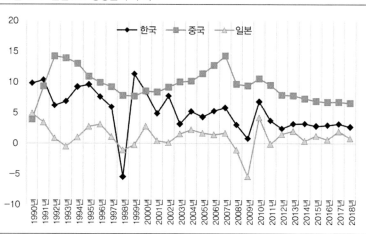

----

5) 資料 : GLOBAL NOTE   出典 : IMF

급률이 100%를 넘기 시작해서 해외수출을 시작했다. 경제성장
이 계속되고 국내에서 일정량 이상의 스크랩이 발생하며, 동맥산
업의 안정적인 스크랩수요가 있으면, 시간차가 있다고 해도 정맥
산업도 지속가능한 성장, 적어도 안정적인 시장규모를 유지할 수
있다. 버블경제붕괴 이후, 일본의 연간실질 GDP성장률(IMF통계)
는 5%를 밑돌고 있어서, 1997년의 아시아통화위기(−1.13%)와
2008~2009년의 리먼쇼크(−0.12~−5.42%)에는 마이너스성장을
기록했다. 우리나라도 1997년 말의 통화위기로 IMF로부터 구제
를 받았기 때문에, 1997년부터 1998년에 걸쳐서 국가경제가 큰

그림 5-2 1인당 연간 쓰레기배출량(kg/년)6)

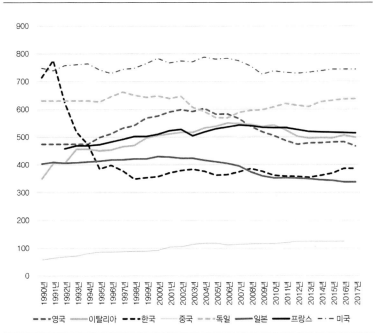

6) 資料 : GLOBAL NOTE   出典 : OECD

타격을 받았다(-5.47%). 한국은 1990년대 후반의 아시아통화위기, 일본은 2000년에 후반의 리먼쇼크로 GDP경제성장률이 급격히 저하한 것을 알 수 있다.

<그림 5-2>는 1인당 연간 쓰레기 배출량인데, 미국이 750kg 전후로 가장 많고, 다음이 독일, 프랑스 등의 EU선진국으로 500~600kg이다. 이에 비해서 한일양국은 400kg/년으로, 1995년 이후는 거의 변화가 없다. 한편 중국은 아직 약 100kg/년으로, 앞으로 계속 늘어날 것으로 예상된다. 이처럼, 한일양국은 앞으로도 지속적인 경제성장과 폐기물 발생증가를 기대하기는 어려운 상황이다.

3.2 저출산·고령화

일본은 고도경제성장기, 버블경제를 경험한 후, 신 불황의 터널에 빠지고 말았다. 최근 취직률은 높아졌지만, 우리나라와 마찬가지로 고령화, 저출산이 멈추질 않고 있다. 경제성장이 멈추고, 인구감소, 고령화가 진행되면, 자원의 소비량도 줄어들지만, 이에 따라 폐기물의 발생량도 감소하기 마련이다. 물론 폐기물발생량이 감소하는 것은 환경오염을 줄일 수 있다는 얘기니까, 나쁜 일이라고만은 할 수 없다. 이러한 영향은 건물의 경우, 그 영향이 나타나는 것은 수십년 후, 자동차의 경우는 십수년 후가 되지만, 가전제품은 10년 이내, 스마트폰 등은 3~4년 후의 폐기물 발생량을 좌우한다. 다시 말하면, 선진국의 경제성장둔화, 저출산, 고령화의 진행은 동맥산업뿐만 아니라, 정맥산업에도 큰 영향을 미칠 가능성이 있다.

<표 5-1>은 세계 각국의 평균연령의 추이를 보여주고 있다. 소위, 선진국이라고 불리는 나라들은 1975년경부터 평균연

령이 30세대가 되었고, 2020년 현재에는 50세대에 가까운 상황이다. 일본은 패전 직후인 1950년의 평균연령이 22.3세로, 세계 71위였다. 하지만, 1975년에는 30.3세(세계26위), 1990년은 37.3세(세계 3위), 1995년에는 39.3세로 상승해서 세계 1위가 됐다. 1975년부터 약 20년간에 걸쳐서 일본인의 수명이 는 것이 사실이지만, 급격한 고령화, 저출산이 진행된 것도 알 수 있다. 또한, 1995년부터 지금까지 세계 1위의 자리를 굳건히 지킨 채, 2020년 현재의 평균연령은 48.3세로 상승했다. 한편, 우리나라의 평균연령을 보면, 해방 직후인 1950년에는 19세로 세계적인 단명국가였고(세계 145위), 그 후에도 6.25전쟁의 영향도 있고 해서 1975년까지도 20세를 넘지 못했다. 2015년이 되서야 평균연령이 40세(40.7세)를 넘어서 세계 31위까지 상승했다. 이 시기부터 우리나라의 저출산, 고령화가 급격하게 진행되면서, 현재는 세계 15위 수준이며, 평균연령은 47.3세까지 늘어서 영국, 프랑스, 호주를 상회하고 있다. 특히 한일양국의 출산율은 세계 최하위로 2017년을 기준으로 한국은 7.0%(세계 210위), 일본은 7.6%(세계 207위) 수준이다.

이처럼 한일의 사회경제상황은 유사한 경향을 보이기 시작하고 있는데, 특히 우리나라의 저출산은 사회적인 이슈가 되었다. 저출산·고령화에 의한 전체적인 구매력저하(특히 주택, 자동차, 가전제품 등), 소유가 아닌 쉐어링(공유) 사회로의 이행이 급격히 진행되면, 동맥산업과 함께 정맥산업의 규모와 잠재력은 축소될 것이다. 양국은 철스크랩을 중심으로 활발한 국제자원순환이 이루어지고 있지만, 국내외의 폐기물처리, 리싸이클시장의 축소를 피하기는 어려울 것 같다.

표 5-1 세계 각국의 평균연령 추이1)

국명	1950년	1955년	1960년	1965년	1970년	1975년	1980년	1985년	1990년	1995년	2000년	2005년	2010년	2015년	2020년
영국	34.9	35.1	35.6	35.1	34.2	34.0	34.4	35.4	35.8	36.5	37.6	38.7	39.5	40.0	40.5
인도	21.3	20.7	20.2	19.6	19.3	19.7	20.2	20.6	21.1	21.8	22.7	23.8	25.1	26.8	28.4
인도네시아	20.0	20.4	20.2	19.4	18.6	18.5	19.1	19.9	21.3	22.8	24.4	25.6	27.2	28.5	29.7
호주	30.4	30.2	29.6	28.3	27.4	28.1	29.3	30.7	32.1	33.6	35.4	36.5	36.8	37.2	37.9
한국	19.0	18.9	18.6	18.4	19.0	19.9	22.1	24.3	27.0	29.3	31.9	34.8	38.0	40.8	43.7
중국	23.9	22.2	21.3	19.8	19.3	20.3	21.9	23.5	24.9	27.4	30.0	32.6	35.0	36.7	38.4
독일	35.2	34.5	34.7	34.3	34.2	35.4	36.5	37.2	37.6	38.4	40.1	42.1	44.3	45.9	45.7
일본	22.3	23.6	25.4	27.2	28.8	30.3	32.5	35.0	37.3	39.4	41.2	43.0	44.7	46.4	48.4
프랑스	34.5	32.9	33.0	32.7	32.4	31.6	32.4	33.6	34.8	36.2	37.7	38.9	40.1	41.2	42.3
미국	30.2	30.3	29.7	28.6	28.4	29.0	30.0	31.4	32.8	34.0	35.2	36.1	36.9	37.6	38.3

7) 資料：GLOBAL NOTE　出典：国連

3.3 외국기업의 일본진출

일본의 폐기물행정의 역사를 봐도 폐기물의 적정처리와 리싸이클은 해당지역이나 국내처리, 국제자원순환을 중심으로 이루어졌다. 우선은 쓰레기의 위생처리와 감용화(減容化)를 실시해서 최종처분량을 최소화하고, 자원물은 리싸이클을 추진하는 것이다. 단적으로 말하면 처리비용이 비싸거나 더러운 것, 또는 복잡한 혼합물에 대해서는 소각처리를 선호했고, 자원물도 가치가 높은 것은 국내리싸이클, 더럽거나 가치가 낮은 것은 해외수출이라는 선택을 했던 것이다. 예상 외로 대량생산, 대량소비, 대량폐기의 사회시스템을 바꾸는 것이 어려웠고, 폐기물의 적정처리와 리싸이클 시스템이 구축되어 있지만 폐기물의 발생량은 큰 변화가 없으며, 에너지 회수를 제외한 순수한 리싸이클율도 낮은 수준을 유지하고 있다.

3.3.1 중고차와 중고부품

필자가 일본의 정맥산업에 외국계 폐기물리싸이클업자의 존재감을 느낀 것은 2005년 전후의 일이다. 일본의 「자동차리싸이클법」이 시행된 다음부터는, 지금까지 폐차로 여겨지던 자동차가 중고차로서 인식되기 시작했다. 실제로 일본국내에서 발생하는 폐자동차는 대부분 주행거리가 짧고 사용 상태가 매우 좋아서, 거의 모든 차량이 주행이 가능할 뿐더러 외관상으로도 깨끗한 상태를 유지하고 있는 경우가 많다. 또한 세계적으로 판매량이 많은 일본차는 고장이 나지 않고 튼튼하며 중고부품이나 코피상품을 이용해서 수리가 용이하기 때문에 인기가 매우 높다. 즉, 저소득국의 사람들의 시선으로 보면, 일본차를 싸게 구입할 수만 있으면, 이동수단으로는 물론, 스몰 비즈니스의 기회를 찾을 수도 있다. 일본의 자동차리싸이클법은 폐자동차를 해체해서, 오염물질을 적정하게 처리한 후에, 재자원화 프로세스를 모니터링하는 시스템이기 때문에 해외의 바이어로서는 아직 주행할 수 있는 자동차를 해체해서 중고부품으로 구입하기 보다는 중고차로서 구입하는 것이 당연한 일일지도 모른다. 이 시기부터 일본의 중고차경매장에 해외의 중고차바이어들이 몰리기 시작했는데, 지금도 국내용의 중고차와는 별도로 리싸이클코너에 일본국내에서는 판매가 어려운 저품질, 저가격의 중고차가 출품되어, 해외로 수출되고 있다. 또한 자동차리싸이클공장에서 해체되는 자동차에서 중고부품을 구입해서 해외에 수출하는 바이어들이 일본국내에 정착하기 시작한 것도 이 시기부터다. 그런데, 이런 해외바이어에 의한 리유스 수요의 증가는 국내업자들과의 경쟁이 심해졌다기 보다는 일본국내에는 수요가 없었던 중고차나 중고부품의 신규해외시장이 형성되면서, 오히려 국내업자와 해외바이어들이 서로 공존하게 된 것이다. 또한, 외국바이어들과의 교류로 각 나라의 현황과 시장규모 등을 정확하게 이해하고, 스스로 해외에 진출하는 케이스도 늘었다. 재일동포 중에서도 외국과의 거래가 늘면서, 미얀마, 뉴질랜드, 필리핀, 말레이시아, 베트남 등에 진출하기 위한 해외조사를 시작했거나, 이미 현지법인을 설립한 곳도 있다.

3.3.2 중국계업자의 위협

지금까지 일본에서 발생한 대량의 플라스틱류, 잡품류(전자기판류, 소형가전류, 전선류, 비철스크랩 등이 섞여있는 것들) 등의 대부분은 중국을 비롯한 동남아시아 각국에 폐기물자원으로 수출됐

다. 이들 폐기물자원을 수입해서 중국 국내의 공장에서 가공, 재
자원화하고 있었던 중국의 크고 작은 폐기물리싸이클업자에게
는, 중국국내에서 폐기물을 조금씩 수집하는 것보다, 일본국내에
서 직접 대량의 폐기물자원을 수입하는 게 훨씬 수익성이 높았
다. 물론, 미국이라는 폐기물자원 대국으로부터 수입하는 것도
가능하지만, 수송거리와 시간을 고려하면, 아시아의 인접국가인
일본 마켓이 보다 매력적이었던 것이다.

한편, 비철스크랩, 잡품류를 수입하고 있던 중국 기업들이
자금력을 무기로 일본의 정맥산업에 본격적으로 진출한 것은
2010년 이후가 아닐까 생각한다. 진출 초기에 이들은 일본국내
에서 품위가 낮은 비철스크랩, 믹스메탈, 잡품류를 대량으로 구
입해서, 대형선박으로 수천 톤의 폐기물자원을 중국으로 보낸
후, 현지에서 선별, 가공작업을 하고 있었다. 또한 품위가 높은
전자기판류, 컴퓨터, 프린터, 복사기 등의 e－waste를 수집해서

그림 5-3 해외 중고차시장에서 판매되고 있는 일본차[8]
그림 5-4 해외바이어에 의한 중고부품수출[9]

8) 필자촬영(몽골 울란바토르 시내)
9) 필자 촬영(일본 미야기현)

그림 5-5 중국계업자의 철스크랩 야드[10]   그림 5-6 중국계업자의 잡품류 야드[11]

자사야드에서 중국인 종업원이 해체를 한 후, 중국으로 수출하는 비즈니스 모델을 구축했다. 즉, 일본의 정맥산업에서 취급하기 어려운 상품을 중심으로 틈새산업을 노린 것으로 보인다. 한편, 이들 중국업자들은 일본 전국의 회교와 중국계 업자들의 네트워크를 구축해서, 불과 몇년 동안에 철스크랩 분야에까지 진출하게 되면서, 일본의 철스크랩업자들에게는 강력한 라이벌로 부상했다. 좁은 스크랩야드에서 월 2,000~3,000톤의 철스크랩을 취급하고 있던 회사가 전국적으로 야드를 전개해서, 한국과 동남아시아의 제철회사에 매월 수만톤의 철스크랩을 수출하는 대형기업이 등장한 것은 일본 진출 후 10년도 걸리지 않았다.

이처럼 중국계 폐기물리싸이클업자는 풍부한 자금력과 중국인 네트워크를 잘 이용해서, 다양한 종류의 저품위 폐기물을 취급하기 시작하면서, 일본의 정맥산업에서의 존재감이 커지고 있

---

10) 필자촬영(사이타마현)
11) 상동

다. 중국계업자는, 재일동포회사와는 설립배경과 성장과정이 완전히 다르지만, 재일 폐기물리싸이클회사의 성공 사례를 참고로 하고 있는지, 재일동포회사의 본사 바로 앞이나 지사 주변에 스크랩야드를 만들고, 24시간 영업을 하면서 조금이라도 더 비싼 가격으로 현금매수를 하는 등 공격적인 영업스타일로 전면대결의 자세를 보이는 업자도 많다. 전후 일본의 스크랩업자가 재일동포회사들을 견제해서 법적인 규제를 했던 것처럼, 요즘은 재일동포회사가 중국계회사를 경계해야하는 시대가 된 것이다. 이처럼 재일동포회사의 비즈니스환경은 앞으로도 어려운 국면을 맞게 될 것 같다.

3.3.3 중국·동남아시아 각국의 환경대책강화

2017년 12월, 일본 미야기(宮城)현은 전국에서 처음으로 중국의 폐기물 자원 수입규제에 대처하기 위한 긴급 세미나(미야기현「폐플라스틱 중국수입스톱 긴급대책 세미나」)를 개최했다. 중국이 2018년부터 폐기물자원의 수입을 금지하겠다고 WTO(세계무역기구)에 통달한 것에 대해, 앞으로 예상되는 다양한 영향, 특히 불법투기발생을 걱정하고 있었다. 필자는 이 세미나에서「중국의 폐기물자원 수입규제조치의 경위와 개요」를 테마로 기조강연을 했는데, 200명 모집의 세미나에 2배 이상의 신청자가 있어서, 별실에서 강연영상을 중계해야 할 정도였다. 당시는 우선 중국의 폐플라스틱 수입금지로 인해 일본 국내에서 발생하는 폐플라스틱이 갈 곳을 잃어버리게 되면, 결과적으로 불법투기가 늘지 않을까 하는 위기감이 있었다. 실제로 2018년 1월부터 중국정부가 폐기물수입금지를 시작해서, 전국의 지자체는 폐플라스틱의 국내처리와 리싸이클 대책마련에 분주했다. 게다가 코에 빨대가 꽂

허있는 바다거북, 폐사한 고래의 위에서 나온 대량의 플라스틱,
남태평양의 해변에 밀려 온 산더미같은 플라스틱 쓰레기 사진
등이 인터넷에 공개되자, 폐플라스틱의 해양오염, 마이크로플라
스틱, 일회용용기의 대량발생문제등이 국제적인 환경문제로 인
식되기 시작했고, G7회의가 개최된 같은 해 6월부터는 각종 미
디어들이 매일같이 플라스틱문제를 경쟁적으로 보도했다.

　중국은 1980년대부터 30년 이상, 세계 각국으로부터 폐기물
자원을 '자원쓰레기'라는 명목으로 수입·가공해왔다. 해외 각국
에서 수입해 온 폐기물자원을 광동성(広東省), 절강성(浙江省), 산
동성(山東省), 천진시(天津市) 등의 연안부에서 가공처리했다. 중
국내의 생산원료부족, 원료수입절약, 저가의 자원확보, 싼 노동
력, 왕성한 자원수요, 저가제품의 수요증대가 폐기물자원의 수입
을 가속시켰다. 중국은 2017년까지 전세계 폐기물자원의 56%를
수입했던, 국제적으로 가장 중요한 폐기물자원 수입국이다. 하지
만, 폐기물자원을 수입·가공하고 있었던 영세기업의 열악한 노
동환경, 저임금, 심각한 환경오염, 주민들의 건강피해 등이 사회
적인 문제가 됐다.[12] 중국정부는 수도권의 심각한 대기오염, 건
강피해 등을 더 이상 방치할 수 없게 되자, 국내에서는 엄격한
환경오염규제, 국제적으로는 폐기물자원의 수입금지를 단행했다.
특히 폐플라스틱에 관해서는 미국과 일본이 주요 폐기물수출국
이어서(그림 5-7), 중국의 폐플라스틱 수입금지정책은 양국의 폐
기물행정과 정맥산업에 큰 영향을 주었다. 지금까지 중국 수출에

---

12) 유정수(2018) "中国の廃棄物輸入禁止政策の影響とその対策" 『平成30年
　　度セミナー : 廃プラ輸入禁止と再エネの展望』 宮城県環境事業公社´
　　pp.7-13.
13) 중국세관통계, 필자가 수정

그림 5-7 중국의 주요 폐플라스틱 수입국[13]

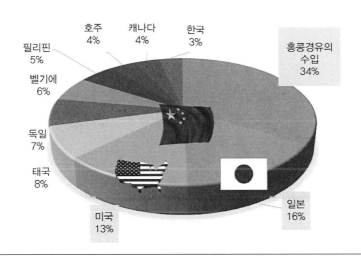

의존하고 있었던 일본의 정맥산업은 태국, 베트남, 말레이시아, 필리핀 등의 동남아시아로 수출국가의 변경을 추진했지만(그림 5-8), 이들 나라들도 자국의 환경오염방지를 위해 폐기물자원의 수입금지법을 차례로 도입했으며, 인도네시아, 캄보디아, 스리랑카에서는 유해폐기물과 전자폐기물이 혼재되어 있던 컨테이너를 수출국에 되돌려 보내는 사태가 계속되고 있다.[14]

선진국이 개발도상국에, 자원이라는 명목으로 폐기물(폐기물자원으로서의 가치가 낮고, 국내처리에 비용이 들어서 수지가 맞지 않는 것)을 떠넘기는 일은 절대로 있어서는 안 되는 일이다. 결국 30년 이상에 걸쳐서, 파는 쪽과 사는 쪽, 양쪽의 경제적인 이익만을 중시한 채, 환경오염은 무시해 온 것이다. 이제야 삐뚤어져

14) 일본경제신문, 「違法ごみ返送 アジアで広がる 大量流入で強硬姿勢」, 2019년 7월 27일자

그림 5-8 중국의 폐플라스틱 수입금지의 영향15)

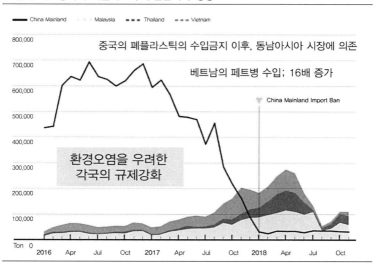

있던 국제자원순환을 바로 잡을 기회가 온 것인데, 일본을 비롯한 선진국들은 폐기물의 적정한 처리와 리싸이클 방침의 새로운 전환기를 맞고 있다. 이로 인해, 일본으로부터 폐기물자원을 수입할 수 없게 된 해외기업(주로 중국)의 일본 진출도 눈에 띄게 늘었다. 전술한 중국계업자들이 타깃으로 하고 있던 폐기물자원보다 품위가 더 낮고 자원 가치도 적은 폐기물자원을, 일본국내에서 수집, 선별, 가공, 재자원화 한 후, 저/중품질의 재생자원을 자국으로 수출하는 과정을 확립하려고 하고 있다. 재일동포회사들이 어려운 경제상황에서도 그랬듯이, 일본에 들어 온 해외기업들은 적극적으로 대형설비투자를 시작하고 있다. 일본의 정맥산업은 해외의 폐기물자원 수입금지, 해외기업의 일본진출이라는 이중고를 겪고 있는 것이다.

3.3.4 거대 환경기업의 출현

중국계 폐기물리싸이클업자와는 달리, 국제적인 환경비즈니스를 전개하는 거대기업의 일본진출도 화제가 되고 있다. 예를 들면, 상하수도 관계의 비즈니스로는 세계 최대 기업은 프랑스의 베올리아·워터의 일본진출이 화제가 되고 있다. 베올리아사는 법인기능을 가진 베올리아 재팬주식회사와 운영기능을 담당하는 복수의 사업회사로 「물」,「폐기물」,「에너지」의 3사업을 전개하고 있다. 이 회사의 홈페이지에는 다음과 같은 실적이 게재되어 있다.16)

- 2016년 5월, 시조오카(静岡)현 후지미야(富士宮)시와 「재해 시 수도응급대책활동에 관한 협정」을 체결
- 2018년 4월, 하마마츠(浜松)시 공공하수도 종말처리의 운영사업개시
- 2019년 4월, 토요타통상주식회사, 고지마산업주식회사와 공동으로, 폐플라스틱을 재자원화하는 일본 최대급의 리싸이클 플라스틱 제조회사를 설립
- 아오모리(青森)현 히라가와(平川)시, 이와테(岩手)현 하나마끼(花巻)시에 바이오매스 발전소의 운영유지관리계약을 체결

즉, 재해대책은 물론 물, 폐기물, 에너지 관련의 비즈니스를 폭넓게 전개하고 있어서, 하수처리, 폐기물의 적정처리 및 리싸이클, 폐기물소각과 에너지회수 등 정맥산업에도 깊게 관여하고

---

15) Green Peace, 필자가 수정·가필
16) 베올리아, https://www.veolia.jp/ja

있다.

베올리아 · 인바이로멘트사는 산하에 베올리아 · 워터와 폐기물처리사업을 하는 베올리아 · 인바이로멘트 · 서비스, 에너지사업을 하는 베올리아 · 에너지(Dalkia), 공공사업을 하는 베올리아 · Transdev라고 하는 4개의 회사로 구성되어 있다.17) 연간매출액은 259억 유로(약 35조 1,764억원)에 달하고, 종업원수는 17만 1,495인이나 되기 때문에 일본의 최대 폐기물리싸이클기업과는 비교가 안 되는 규모다. 재일동포회사 중에는 베올리아사와 자본제휴와 업무제휴를 하고 있는 회사도 있다. 일본의 정맥산업 전체로 보면 거대기업의 일본진출은 중국계기업과 함께 새로운 위협이지만, 일본의 정맥산업의 체질을 강화하면서, 새로운 비즈니스 전개를 위한 전환기가 될지도 모르겠다.

4. 새로운 연계

전술한 바와 같이, 정맥산업의 비즈니스환경은 다양화 · 복잡화 · 국제화하고 있어서, 국내외의 사회, 정치, 경제상황의 급변에 대응하는 것만이 아니고, 지구환경문제에 어떻게 대응해 나갈 것인가도 중요한 과제다. 일본 정맥산업의 창시기부터 중요한 역할을 맡아왔고, 이 업계의 발전과 성장과정을 함께 걸어온 재일 폐기물리싸이클기업은 일본의 정맥산업의 변혁과 재편을 향해서 다양한 이해관계자들과의 연계, 새로운 공동가치의 창조를 위해서 노력하고 있다.

---

17) 長沢 伸也 · 今村 彰啓(2014) "水ビジネスの現状と課題－ヴェオリア社のビジネスモデルを中心に－", 『早稲田国際経営研究』, No.45, 早稲田大学 WBS研究センター, pp.140－143.

4.1 산학관연계

최근의 폐기물처미 및 리싸이클사업은 육체노동이나 수작업과 같은 단순작업이 아니고, 대량의 정보와 데이터(빅데이터)를 분석해서, 최신의 비즈니스 및 유통방법, 고도의 리싸이클기술을 구사하고 있다. 각 부서에는 숙련 경험자와 전문가가 배치되어, 비즈니스 효율향상과 환경부하 삭감을 위해서, 대학이나 지자체와의 산학관연계, 공동연구, 사회실험을 실시하고 있다.

4.1.1 사회실험

C사의 경우, 소형가전리싸이클법이 실시되기 전에, 자사공장이 입지하고 있는 지자체와 연계해서 대학과 공동으로 사회실험을 실시했다. 지금까지는 리싸이클제도를 실시하기 전에 주민의 폐기물 배출행동, 지자체의 지원체제, 폐소형가전의 배출량과 종류, 자원회수가능량 등을 파악하지 않고, 제도가 선행하는 경우가 대부분이었다. 이 지자체의 최대리싸이클회사인 C사도, 만일 지자체의 요청이 있다고 해도, 인증사업자로서의 장점과 단점을 파악한 후에, 어떤 체제로 참여할 것인가를 판단할 필요가 있었다. 또한 대학의 입장에서도 제도실시의 타당성, 도시광산으로서의 가치 등의 환경영향을 분석하기 위한 중요한 데이터를 수집할 수 있으며, 최종적으로는 이러한 분석 결과에 근거한 연구논문작성과 정책제언이 가능하다. 지방중소도시 S시는 눈이 많이 오고, 고령화가 진행되고 있어서, 복잡한 분리수거가 쉽지 않고, 지자체 소유의 매립장이 있는 관계로, 지금도 '매립쓰레기'라는 분별을 하고 있다. 결국 폐소형가전의 대부분은 '매립쓰레기'로 배출되고 있었다. 게다가 비교적 집이 넓어서, 일정기간 쓰레

기를 보관했다가 어느 정도 양이 늘어나면 직접 차로 쓰레기를
버리러 오는 사람이 많은 것도 특징이다. 이 시의 사회실험을 실
시한 결과, 다른 지자체에 비해서 폐소형가전의 배출량이 많다는
것을 알았다. 또한 휴대전화, 게임기, 디지털카메라와 같은 소위
고품위 소형가전의 배출량도 평균을 상회하고 있어서, 주민들에
게 정확한 정보를 제공하고 적극적인 계몽, 교육, 홍보활동을 하
면서, 폐기물의 회수·운반·선별·해체·리싸이클방법을 개선하
고, 소형가전 이외의 대형쓰레기(가전리싸이클법의 대상인 에어컨,
텔레비전, 세탁기, 냉장고 이외의 중대형가전)를 같이 처리하면, 도시
광산으로서의 잠재력이 매우 크다는 사실을 알 수 있었다. 이들
사회실험결과는 학회의 보고와 논문발표가 이루어지면서 관련학
회와 협회, 각지자체가 높은 관심을 보였다.[18] 이 사회실험은 폐
기물리싸이클회사뿐만 아니라, 지자체, 대학, 소형가전인증업자
(상사), 제련회사(재자원화)의 산학관연계에 의한 것으로 소형가전
리싸이클제도의 과제와 가능성을 판단하는 데 중요한 정보와 시
사를 제공했다고 할 수 있다. C사의 경우, 이 사회실험의 결과에
근거해서, 인증업자를 지원하는 입장으로 소형가전리싸이클제도
의 운용에 참여하고 있었는데, 현재는 인증사업자가 되어, 지자
체, 가전판매점, 독자적인 회수 스테이션을 설치해서 소형가전의

---

18) ① 齋藤 優子·劉 庭秀·安東 元吉(2012) "小型家電リサイクルの妥当性分
析－酒田市の社会実験結果を中心に－", 日本地域政策学会第11 回全国研
究大会資料集, pp.30－31 ② 齋藤 優子·劉 庭秀(2013) "小型家電リサイ
クル制度導入の妥当性分析－山形県酒田市における実態調査を事例とし
て－", Macro Review, Vol.25 No.2, pp.25－28 ③ Yuko Saito, Jeongsoo
Yu(2014) "Study on the Application of Used Small－sized Home
Appliance Recycling Policy: Comparative Analysis of the Welfare－base
Collaboration Projects between Japan and Korea", 7th Asian
Automotive Environmental Forum Guidebook, pp.60－64.

회수효율을 높이고 있다.

4.1.2 공동연구

최근 이산화탄소 삭감, 재생가능에너지의 이용, 폐플라스틱의 리싸이클 등, 정부뿐만 아니라 지자체에 의한 산학연계보조금 및 공동연구사업의 증가하고 있다. 그러나, 폐기물리싸이클회사가 이런 보조사업이나 연구비를 응모하는 데 필요한 서류작성과 연구자를 확보한다는 것은 쉽지 않은 일이다.

재일 폐기물리싸이클기업 중에는 정부나 지자체의 연구사업뿐만 아니라, 독자적으로 공동연구 프로젝트를 만들어서 산학연계에 의한 공동연구를 실시하고 있는 회사도 있다. 이번 인터뷰에서도 복수의 회사가 산학연계에 의한 공동연구를 실시하고 있었다. 본서에서는 주로 필자가 일본 동북지역에서 실시한 산학연계 공동연구를 소개해 보고자 한다.

P사는 자동차리싸이클법이 시행된 후에 본격적으로 폐자동차의 리싸이클사업을 시작한 회사다. 폐자동차가 해체공장에 입

그림 5-9   소형가전리싸이클의 사회실험(해체작업, 고품위가전의 분류작업)[19]

---

19) 필자촬영(야마가타(山形)현 사카타(酒田)시)

그림 5-10 산학공동연구에 의한 자동차해체의 모습[20]

고되면, 필요한 중고부품을 분리하고, 폐액, 폐유, 배터리, 타이어, 촉매 등을 제거한 후, 자동차 해체용중기로 알루미늄, 동, 차축 등이 재생자원을 회수하면, 차체와 나머지(주로 플라스틱, 유리, 시트 등)는 큐빅형의 철스크랩으로 압축시킨 후, 철스크랩의 파쇄업자에게 보내진다. 일반적으로 파쇄업자는 철, 비철금속 이외의 파쇄잔재물이 많으면 많을수록 매수가격이 낮아진다. 주로 비철스크랩을 취급하는 P사로서는 '파쇄잔재물을 조금이라도 줄여서 재자원화할 수 있는 방법이 없을까, 모든 해체공정을 모니터링해서 자원리싸이클의 모순을 없앨 수는 없을까'라고 하는 의문이 있었다. 이 문제를 해결하고자, 토호쿠대학과 공동연구를 실시하면서, 미야기현 3R연구개발사업보조금을 이용해서 폐플라스틱의 유효이용방법과 모니터링시스템을 개발했는데, 이 성과는 「토호쿠대학 100주년 기념사업」에서도 소개됐다. 지금도 P사는 세계적인 환경문제가 된 폐플라스틱 문제에 높은 관심을 가지고 있어서, 작년부터는 분야횡단적인 산학연계(전파공학·자원리싸이클공학·환경학)를 추진하고 있다.

　　Q사도 산학연계에 아주 적극적인 회사다. 동일본대지진 직

그림 5-11   토호쿠대학 100주년 기념사업의 연구성과전시(2007년 8월)[21]

전인 2011년 2월에 토호쿠대학과 산학연계협정을 체결하고 리싸이클 기술개발보다는 폐기물처리와 리싸이클이 사회, 경제, 환경에 미치는 영향을 분석하고, 이들 결과를 사회에 폭넓게 발신하는 것, 그리고 다음 세대를 위한 환경(폐기물 처리와 유효이용)교육을 실시하는 것에 더해서, 다른 분야와의 연계(예술과 리싸이클)를 통해서 지역사회에 공헌하는 것을 목적으로 하고 있었다. 이 산학연계에는 토호쿠대학뿐만 아니라, 사진가 스가와라 이찌고(菅原一剛) 씨, 동경예술대학 등이 참여하고 있었다. 이처럼, 지금까지의 산학연계와는 조금 다른 시점의 내용이 가미된 새로운 도전이라고 할 수 있었다. 그런데, Q사와 토호쿠대학의 산학연계를 발표하는 이벤트를 개최한 지 한 달도 지나기 전에, 동일본대지진이 발생했다. 지진피해지역에 입지한 대학과 기업이었기 때문에, 지진피해를 입은 상황이었지만, 공동연구의 테마를 주저없이 재해폐기물의 적정처리와 재자원화, 피해지역의 재건지원과

---

20) 필자촬영(미야기현 쿠리하라시)
21) 필자촬영(토호쿠대학 카타히라 캠퍼스)

교육지원 등으로 변경해서, 리싸이클의 시점으로 피해지역의 재생을 생각하자는 취지로「Dust My Broom Project」을 만들어서 다양한 사회공헌활동을 실시했다.[22]

지금까지 이 회사와 실시해 온 주요공동연구테마로서는 ① 재해폐기물의 적정처리,[23] ② 자동차전장품 리싸이클의 타당성 분석,[24] ③ 환경교육의 중요성과 교육방법의 개선,[25] ④ 차세대 자동차의 보급과 리싸이클,[26] ⑤ 중고차수출과 자원·환경문제[27]에 관한 연구 등이 있다. 특히 ⑤의 연구성과는 Q사와 공동으로 실시한 JICA의 국제협력사업과 밀접한 관계가 있다.

4.2 사회공헌의 새로운 가능성

재일동포 1세가 조국에 대한 보은에 집착한 것에 반해서, 재일동포 2세는 지역사회에 어떻게 은혜를 갚으면 좋을까하는

---

22) Dust My Broom Project의 활동내용은 홈페이지 (http://dust-my-broom.jp/)를 참조

23) 劉 庭秀·齋藤 優子(2013) "宮城県における災害廃棄物処理に関する比較分析－被災自治体のヒアリング調査から見えてきたもの－",『都市清掃』, Vol.66, pp.211-217.

24) Jeongsoo Yu, Yuko Saito(2014) "Current Status and Issues in Collecting Precious Metals and Other Materials from ELV(End-of-Life Vehicles) in Japan", 7th Asian Automotive Environmental Forum Guidebook, pp.14-17.

25) 劉 庭秀·齋藤 優子(2015) "廃棄物行政における環境教育のあり方－復興教育支援事業を事例に－",『第36回全国都市清掃研究·事例発表会講演論文集』, pp.51-53.

26) 王 燦堯·Erdenedalai Baatar·劉 庭秀(2016) "次世代自動車普及政策の変遷要因と課題分析",『第16回日本地域政策学会全国研究大会資料集』, pp.26-27.

27) 劉 庭秀·バートルエルデネダライ·王 燦堯·劉 暁玥(2019) "モンゴル国における廃棄物の不適切処理とエネルギー貧困の問題－遊牧民の自動車用バッテリー使用状況を中心に－",『日本地域政策学会第18回全国研究大会発表要旨集』, pp.32-33.

고심을 하고 있었을지도 모른다. 또한 재일동포 3세는 국적에 대한 집착보다는 자기자신은 일본에서 태어나, 일본식 교육을 받았고 일본국적을 취득한 사람도 많았기 때문에, 한국인이라기보다는 일본인에 가깝다는 생각이 강했다. 이러한 영향이 있어서인지, 조국에 대한 보은보다는 지역사회, 일본사회, 또는 국제사회나 지구환경문제에 공헌하려는 생각이 강했다.

상술한 Q사는 동일본대지진 직후부터 재해폐기물처리가 끝날 때까지 피해지역의 피해상황과 복구프로세스의 정보와 활동을 사회에 적극적으로 보고, 발신했고(보고회·토크쇼·전시회 및 이벤트 개최), 문부과학성의 복구재건교육사업으로서 피해지역의 초등학교의 환경교육에도 참여해왔다. 또한 Q사는 피해지역에서 비눗방울 이벤트를 개최해서, 피해지역의 어린이들과 지역주민들과 교류를 계속해왔다. 이들 활동은 폐기물리싸이클을 테마로 하고 있는 학회에서도 주목을 해서 일본폐기물자원순환학회, 일

그림 5-12 재해폐기물처리와 공동연구성과 보고회(한국 서울시·일본 센다이시)[28]

---

28) 토호쿠대학 유연구실 촬영(오른쪽에서 두 번째는 한국자원리싸이클링학회 명예회장인 오재현 연세대학교 명예교수), Dust My Broom Project, http://dust－my－broom.jp/(토호쿠대학 가와우찌 캠퍼스, 한국 서울시내)

그림 5-13   쓰나미 피해지역의 재건교육지원사업(환경교육의 출장수업)30)

본지역정책학회, 일본마크로엔지니어링학회 등에도 소개되었다. 특히 한국자원순환리싸이클링학회에서는 특별강연회에 초대되어,29) 서울시내에서 활동내용의 전시회와 보고회를 개최할 수 있었다. 게다가 스포츠활동을 통한 사회활동도 전개하고 있어서, 일본 럭비계 발전과 소년 럭비선수의 건전육성을 지원하고 있다. 또한 럭비여자일본대표(사쿠라15), 여자세븐즈일본대표(사쿠라세븐즈)의 공식 스폰서이기도 하다.

S사도 지역의 초등학교에서 정기적으로 출장수업을 실시하고 있으며, 자사가 개발한 환경교육 프로그램도 운용하고 있다. 또한 지역의 국립대학과의 공동연구, 자원리싸이클분야의 최첨단연구를 반영한 리싸이클연구개발에도 적극적이다. 이러한 활동은 S사 사장이 실시하고 있는 상공회의소의 환경정책제언활동의 연장선이기도 한데, 사장이 직접 지역의 초·중학교에서 환

---

29) 劉 庭秀·安東 元吉·齋藤 優子·小笠原 涉(2014) "産学連携を通したリサイクル業界の社会貢献活動", 「第42回韓国資源リサイクリング学会年次大会発表論文集」, pp.2−8.
30) 토호쿠대학 유연구실 촬영, Dust My Broom Project, http://dust−my−broom.jp/(미야기(宮城)현 게센누마(気仙沼)시, 이시노마키(石巻)시)

그림 5-14 쓰나미 피해지역의 비누거품 이벤트31)
그림 5-15 S사의 환경교육 견학코스32)

경교육의 출장수업을 실시하고 학생들을 공장견학에 초대하고
있다.

5. 경쟁관계에서 새로운 공동가치창조의 파트너로

선조가 폐품회수업이나 고철상을 시작했을 때의 회사는 생
계수단이었고, 일본사회에서 살아남기 위해서 필사적으로 일하
는 선택 밖에 남아있지 않았다. 또한 다른 회사보다 더 먼 곳까

지 영업을 하면서 고된 일을 마다하지 않았고, 돈이 모이면 트럭을 사거나 조그마한 설비를 늘리고 사업효율을 높여가면서 조금씩 회사를 키웠다. 그야말로 주변을 둘러볼 겨를도 없이 그저 경쟁에서 이기는 것만을 목표로 노력해왔던 것이다. 하지만, 가혹한 경쟁 속에서도 국적과는 관계없이 어려운 상황의 동업자를 서로 돕는 정신, 조국에 대한 보은은 잊지 않고 있었다. 재일동포 1세나 2세의 무조건적인 조국사랑, 일방적인 지원과는 달리, 재일동포 3세의 사장들은 조국뿐만 아니라, 지역사회, 국제사회에 있어서 자기 자신이 할 수 있는 일이 무엇인지를 생각하고 있어서, 다양하고 폭넓은 이해관계자들과의 연계를 꾀하고 있다. 다시 말하면, 지자체, 동업자, 관련기관이나 학협회와 관계를 가지는 것만이 아니라, 환경성, 경제산업성 등의 주요정부부처, 지자체로의 정보발신과 정책제언, 국제협력사업의 참가, 원료제조회사나 제조업과의 연계, 기업PR, 산학관연계와 사회공헌활동 등을 적극적으로 추진하고 있는 게 인상적이다.

　　B사의 재일동포 3세는 어렸을 적에 마을에 있는 고아원 원장선생님과 얘기할 기회가 많아서, 자기와 같은 나이의 아이들이 부모로부터 버려져서 고아원에서 생활한다는 사실을 마음 아파했다고 한다. 아마도 그는 아버지가 이미 사업을 궤도에 올린 상태였기 때문에 유복한 생활을 하고 있었을 걸로 추측되지만, 한국인이라는 사실 때문에 원만한 학교생활을 보내지 못했던 것 같았다. 고등학교 때는 폭주족 리더가 되는 등 반항적인 태도를 보였는데, 그의 꿈은 가난한 나라의 고아들에게 직업을 주고 자립시키는 일이다. 이미 그는 자신의 꿈을 실현하기 위해서 움직이기 시작했는데, 미얀마에 자동차정비공장과 리싸이클공장을 건설해서 고아들의 직업교육을 시작하려고 하고 있다. 그들이 일본식 교육과 직업

훈련을 받으면, 장래에는 일본의 일손 부족을 채워줄 가능성도 있다. 미얀마는 출생율과 인구증가율이 매우 높지만, 가난하기 때문에 부모가 자기 자식을 버리는 경우가 많고, 버려진 아이들은 사찰에서 키워준다고 한다. 이들 고아들은 교육을 받을 수가 없고, 어른이 되어도 직업을 갖기가 곤란하다. 그는 자기 회사에서 일하고 있던 현지인을 잘 육성해서, 미얀마의 관련부처, 지자체, 사찰 (고아원), 기계설비회사, 자사의 현지법인 등과 연계해서 정맥산업의 새로운 가치를 창조하려고 하고 있다. 지금까지 정맥산업의 해외진출은 일본에서 해외로 중고차나 중고부품, 폐기물자원을 판매하는 비즈니스였는데, 국제협력, 사회공헌(신규산업과 고용창출), 인재육성, 자동차사고와 환경오염방지 등을 포함한 새로운 공동가치 창출의 길을 제시할 수 있다고 할 수 있다.

한편, C사도 같은 방향성을 제시하고 있다. 일반적으로 지금까지 정맥산업은 눈앞의 이익을 추구하는 경우가 대부분이어서, 인재육성과 같은 중장기적인 투자를 하는 것이 어렵다고 했었다. 그러나, 이 회사는 독자적으로 장학금제도를 창설해서, 폐기물리싸이클을 공부하려고 하는 유학생들을 지원하고 있다. 첫 해에는 한국에서 2명의 유학생을 받아들였고, 다음 해에는 몽골, 현재는 베트남 유학생을 지원하고 있다, 이 장학금제도도 학회, 대학, 지자체, 현지법인, 국제협력기관과의 연계에 의한 것으로 개발도상국의 정맥산업의 기반구축, 새로운 산업창출, 고용확대가 기대된다.

세계 각국에서 자연재해가 발생하면, 그 복구와 재건의 첫걸음은 재해폐기물의 처리인데, 이 과정에서 각 이해관계자들과

의 연계가 매우 중요하다. 일본의 정맥산업의 경험은, 다양한 이
해관계자와의 협동과 가치창조에 필요한 밑거름이 될 것이다. 국
내외에서 펼쳐지고 있는 재일 페기물리싸이클회사의 활동들은
한일을 넘어서 세계 각국의 연계와 새로운 공동가치창조로 이어
질 것이다.

Epilogue
에필로그 : 지속가능한 사회를 향해서

세계 각국에서 연간 약 8,400만 명의 관광객이 방문하는 세계 제일의 관광대국 프랑스는, 세계유산과 미술관뿐만 아니라, 역사적인 건조물과 수려한 경관이 유명하다. 하지만 아름다운 나라, 프랑스도 불과 칠, 팔십년 전까지는 생활폐기물이나 배설물을 창문에서 던져버리는 게 아주 일반적이었다. 실제로 프랑스의 마르세이유(Marseille)와 소뮐(Saumur)과 같은 도시에서는 1950년 경까지도 이런 처리가 행해지고 있었다. 당연한 일이지만, 프랑스의 도시환경은 점점 악화돼서 여러 종류의 전염병이 유행하게 됐고, 1350년대에는 유럽 전역에서 수백만 명의 사망자가 발생했다. 파리시는 12세기부터 19세기까지 생활쓰레기와 오물처리로 매우 고생을 했는데, 1395년에는 쓰레기 불법투기자를 극형에 처했을 정도다.[1] 이처럼 정맥산업은 어떤 시대, 어느 나라에

---

[1] カトリーヌ・ド・シルキ(1999) 『人間とごみ』, ルソー麻衣子訳, 新評論, pp.20－21.

관계없이 꼭 필요한 존재인 것이다. 하지만, 긴 세월 동안 정맥산업은 마이너리티, 낮은 지위, 하층계급, 빈곤층 등의 부정적인 이미지가 있었다. 1900년대 초부터 일본에 온 재일동포들은 복잡한 정치, 경제상황 속에서 정맥산업과 깊은 관계를 맺게 되었고, 일본의 정맥산업의 산 증인으로, 폐기물리싸이클업계의 발전에 중심적인 역할을 해 왔다고 할 수 있다.

일본은 물론, 우리나라도 고도경제성장과 인구증가의 시대가 끝나서, 더 이상 폐기물자원의 급격한 발생증가는 기대하기 어렵다. 결국, 리싸이클비즈니스의 국제화와 함께 국내에서 발생하는 폐기물자원의 가치를 얼마나 높이느냐가 중요하며, 회수·운반·해체·파쇄·선별·가공·재자원화·환경오염방지·최종처분 프로세스의 효율을 향상시킬 필요가 있다. 즉, 빅 데이터의 분석결과와 다양한 이해관계자와의 연계를 기반으로 국내외의 자원순환시스템과 네트워크구축이 요구되고 있다.

올해 들어서 코로나 바이러스문제로 전세계가 팬더믹사태에 빠졌는데, 감염자와 사망자가 늘어나면서, 세계 경제도 크게 위축되었고, 사회전체가 공포에 빠지고 있다. 우리들은 예측 불가능한 불확실성과 다양하고 복잡한 리스크의 시대에 살고 있다. 기후변동과 같은 자연재해리스크, 리먼쇼크와 같은 경제리스크, 한일관계악화와 같은 정치외교리스크만이 아니라, 중국의 폐기물자원 수입금지나 폐플라스틱의 해양오염과 같은 사회·경제·환경·국제관계의 문제가 복잡하게 얽혀있는 리스크까지도 대처하고 관리해야만 한다. 그리고, 앞으로는 코로나 바이러스와 같은 리스크도 회피하거나 대비하는 방법을 강구해야 한다.

다시 말하면, 지속가능한 사회를 구축하기 위해서 정맥산업에 기대되는 것은 자꾸만 늘어나는 다양하고 복잡한 리스크와 불확실성에 맞서 나아가면서, 폐기물의 적정처리와 자원리싸이클 효율을 향상시키는 것이라고 할 수 있다. 최근 일본에서는 지속가능한 개발목표를 의미하는 SDGs(Sustainable Development Goals)를 달성하기 위한 활동이 왕성하다. 이 개념은 2015년 9월에 국제연합의 서미트에서 채택되었는데, 2016년부터 2030년까지 달성해야 하는 17가지의 목표가 포함되어 있다. 일본의 각 부처와 지자체, 민간기업, 대학 등은 기본정책과 경영방침결정에 SDGs의 이념을 도입하고, 이 목표달성을 적극적으로 추진하겠다는 입장을 표명하고 있다. 한편, 이 17가지의 목표에는 폐기물처리와 리싸이클에 관련된 항목이 매우 많다는 것을 알 수 있다.

우선 목표12「책임감있는 소비와 생산」, 목표9「산업, 혁신과 사회기반시설」을 들 수 있다. 폐기물의 감량이나 리싸이클을 추진하기 위해서는 각 개인뿐만 아니라 기업의 노력의 필요한데, 환경오염과 자원고갈에 대한 책임의식이 중요하다. 또한 폐기물의 적절한 처리, 환경오염방지를 위한 사회기반시설로서 폐기물처리와 리싸이클시설을 구축하는 것이 중요하다.

국가간 폐기물이동에 관해서는 목표10「불평등 완화」가 해당된다. 선진국에서 발생한 유해물질이나 폐기물을 개발도상국에 떠넘기는 국제자원순환을 근절하는 것이 필요하며, 목표8「양질의 일자리와 경제성장」을 달성하기 위해서는 지속가능한 경제성장과 고용창출이 필요하다. 개발도상국의 정맥산업에 종사하는 노동자들은 주로 빈곤층이 많은데, 그들에게 적정한 처우와 안전한 직장환경을 제공하고, 지속가능한 경제성장을 지원하지 않으면 안 된다. 이것들은 목표1「빈곤퇴치」, 목표3「건강과 웰빙」, 목표11「지속가능한 도시와 공동체」를 추진하는 기본전략이 될 수 있다.

　　폐플라스틱의 해양오염에 관해서는, 목표14「해양 생태계」와 직접적인 관계가 있지만, 바다의 오염은 하천의 오염이 주된 원인이기 때문에 결과적으로 상류의 환경관리인 목표6「물과 위생」과도 직결된다.

　　목표2「기아종식」은 바이오플라스틱개발과 식량문제의 균형, 지속가능한 농업을 위한 양질의 비료생산과 공급이 주요과제라고 할 수 있다. 목표7「깨끗한 에너지」에 관해서는 폐기물소각과 에너지회수를 어떻게 평가할 것인지, 재생가능에너지의 관련 설비와 배터리의 리싸이클 추진, 그리고 목표15「육상 생태계」는 바이오매스 발전과 지구온난화의 관계를 고려하지 않을 수 없다.

　　목표13「기후변화 대응」은 기후변동에 의한 자연재해의 빈발, 재해폐기물의 발생과 적정처리의 문제가 직접적인 영향을 미친다.

　　마지막으로 목표17「SDGs를 위한 파트너십」은 모든 목표달성의 위한 각 이해관계자들간의 연계강화가 목적이다. 이처럼 정맥산업은 거의 모든 목표달성에, 직·간접적으로 중요한 역할을 맡고 있다.

　　폐기물처리와 리싸이클은 단순하게 환경문제를 해결하는 측면만 있는 것이 아니고, 사회, 경제, 정치, 외교, 문화 등 다양한 분야와 밀접한 관계가 있다. 대기업과 중소기업, 동맥산업과 정맥산업이 불평등과 격차를 없애고, 같은 스타트 지점에서 똑같은 목표달성을 위한 기업경영과 사회공헌활동을 추진한다는 점에서, SDGs개념이 앞으로 정맥산업에 큰 변혁을 가져다줄지도 모른다.

재일 폐기물리싸이클회사는 적극적으로 해외진출을 추진하는 기업, 산학관연계에 의한 연구개발을 추진하는 기업, 환경교육과 스포츠활동지원 등의 사회공헌활동을 전개하는 기업, 자동차정비·수리·판매·리스 및 렌탈업·무역과 유통업·지역특산품판매·컨설팅 등 다른 업종에 진출하는 기업 등, 정맥산업의 이미지 쇄신과 경영의 다각화를 시도하고 있다. 또한 정부의 관계부처나 지자체의 위원회에 출석해서 폐기물행정에 대해서 적극적인 조언과 정책제언을 하거나 대학 강단에 서는 경영자도 있다. 재일동포 3세들이 눈앞의 이익만을 추구하는 게 아니라, 보다 장기적이고, 지속적인 발전에 투자하고 있는 점에 주목할 필요가 있다. 3세 경영자들은 누구보다도 일본 사회, 경제시스템을 잘 이해하고 있어서, 쓸데없는 경쟁이나 대립을 피해, 지속가능성·공생과 다양성의 중요성을 인식하고 있지 않을까 생각한다. 재일동포1세와 2세가 극복해야만 했던 복잡한 사회문제는, SDGs에도 확실하게 반영되어 있는 문제들인데, 한일의 정맥산업은 SDGs라고 하는 지구의 공통목표달성을 위해서 함께 움직이기 시작했다고 할 수 있다.

우리나라와 일본의 철의 고대교류사를 연구하고 있는 이영희 교수에 의하면, 신라처럼 제철과 철기제조로 융성한 나라인 진한은 2세기에 멸망했는데, 그 잔존세력이 바다를 건너, 이와테(岩手)현의 가마이시(釜石)에 흘러 들어와서 제철기술을 전했다고 한다.[2] 고대한국어로 「가마」는 '검은 솥'을 의미하고 「웃시」는

---

2) 李 寧熙(2006) "鉄と虎… ㅋ日本の「宝島」岩手·釜石を行く", NIPPON STEEL MONTHLY 11月号, pp.17-19.

'상질의 철'을 의미하는데, 가마이시라고 하는 지명은 고대한국어로부터 유래한 것으로 추측할 수 있다. 가마이시만으로 유입하는 갓시(甲子)천에서는 떡 모양의 둥그런 철 덩어리가 나왔었는데, '갓시'는 제철을 의미했기 때문에, 제철기술이 일본에 전해졌다는 사실이 이와테현의 지명에 남아있는 것이라고 생각할 수 있다. 2세기에 한반도로부터 일본으로 제철기술이 전해진 후, 20세기 초에 한반도에서 건너온 재일동포들이 철스크랩의 리싸이클로 제철원료를 제공해왔다는 사실에 묘한 인연을 느낀다.

일본의 정맥산업에 큰 족적을 남긴 재일동포들은 일본에 있어서도 우리나라에 있어서도 한일역사의 귀중한 증인이며, 서로의 좋고 나쁨을 솔직하게 얘기할 수 있는 존재이다. 정맥산업 속의 재일동포의 역사와 공생과정, 그리고 그들이 항상 지속가능한 발전을 위해서 계속 노력해 온 모습을 잊지 말고, 앞으로도 한일 양국이 소중한 이웃으로 영원히 함께 걸어 나갈 것을 기대한다.

감사의 글

이 책은 「공익재단법인 한창우·철문화재단」의 연구·출판 조성을 받아서 집필한 내용입니다. 1년 반에 걸친 연구조사와 인터뷰, 그리고 6개월간의 원고집필을 지원해 주신 재단관계자 여러분들께 감사드립니다. 또한, 원고집필과 출판에 관해서 중요한 조언을 해 주신 한창우 이사장님과 프로그램 오피서께도 감사의 말씀을 전합니다.

무엇보다도 바쁘신 중에도 흔쾌히 인터뷰에 응해주시고, 귀중한 말씀을 해 주신 재일 폐기물리싸이클회사의 관계자분들께는 고마운 마음을 다 전할 길이 없을 것 같습니다. 앞으로도 폐기물연구, 교육, 사회공헌활동에 더욱더 정진해서 좋은 성과를 내는 것으로 조금이라도 보답할 수 있었으면 하는 맘입니다.

마지막으로 이 책을 한국어로 출판하는 데 물심양면으로 도와주신 (주)박영사에 감사드립니다. 특히 아버지에 이어 2대에 걸쳐 같은 출판사에서 책을 내게 된 것도 제게는 큰 기쁨입니다.

유정수

1967년 서울생
일본 토호쿠대학대학원 교수, 박사(도시·지역계획)
전문분야는 자원순환형환경시스템, 폐기물관리와 리싸이클정책, 환경영향평가

1993년에 일본으로 건너가 쓰꾸바(Tsukuba)대학대학원 사회공학연구과에서 Waste to Energy와 지역냉난방시스템의 연구로 석사와 박사학위를 받았다.
2000년에 토호쿠(Tohoku)대학대학원 국제문화연구과 조교수로 부임 후, 20년이 넘게 폐기물소각과 에너지회수, 용기포장, 자동차, 소형가전, 플라스틱, 재해폐기물, 국제자원순환, 폐기물 리싸이클분야의 국제협력, SDGs교육 등 다양한 테마의 폐기물리싸이클 연구와 교육, 사회공헌활동을 하고 있다.
2008년에는 아시아자동차환경포럼(Asian Automotive Environmental Forum: AAEF)을 공동설립해서 일본대표를 맡고 있고, 2011년의 동일본대지진 발생 직후에 민간기업, 예술가와 함께 「Dust My Broom Project」를 만들어서 피해지역의 폐기물처리와 재활용에 관한 환경교육사업을 실시하고 있다.
재일한국인과학기술자협회 이사(2007), 서울특별시 자문위원(2010), 중국사회과학원 순환경제연구센터 해외이사(2013-2014)를 역임했으며, 일본마크로엔지니어링학회 이사, 한국자원리싸이클링학회 이사, 한국자동차자원순환협회 해외기술위원, 전일본 자동차리싸이클사업연합 고문, 스크랩워치 컬럼니스트 등으로도 활동하고 있다.

현재 토호쿠대학대학원 국제문화연구과 부연구과장(연구담당)
동대학원 글로벌거버넌스와 지속가능한 개발프로그램 (Global Governance & Sustainable Development Program:G2SD) 부대표
국제환경자원정책론 및 국제정치경제론강좌 교수

주요 저작으로는 『쓰레기로 보는 세상』(2006) 삼성경제연구소, 『静脈産業と在日企業』(2020) 三一書房, 『Automotive Recycling』(2011) JARA(공저), "Emerging Issues on Urban Mining in Automobile Recycling: Outlook on Resource Recycling in East Asia" 『Integrated Waste Management』(2011) Intech(공저), 『한평생의 지식』(2012) 민음사(공저), 日中韓の都市鉱山政策の最新動向と今後の課題"(2014) 『地域政策研究 Vol.12』, 『Environmental Impacts of Road Vehicles :Past, Present and Future』(2017) Royal Society of Chemi1stry(공저), "Comparative Analysis of ELV Recycling Policies in the European Union, Japan and China"(2020) Investigationes Linguisticae Vol.43 등이 있다.

연구실 HP https://www.yu-circular-eco-lab.com/

소중한 이웃, 정맥산업 속의 재일동포의 존재

초판발행	2020년 11월 20일
중판발행	2021년 11월 20일
지은이	유정수
펴낸이	안종만·안상준
편 집	전채린
기획/마케팅	손준호
표지디자인	이미연
제 작	고철민·조영환
펴낸곳	(주) **박영사**
	서울특별시 금천구 가산디지털2로 53, 210호(가산동, 한라시그마밸리)
	등록 1959. 3. 11. 제300-1959-1호(倫)
전 화	02)733-6771
f a x	02)736-4818
e-mail	pys@pybook.co.kr
homepage	www.pybook.co.kr
ISBN	979-11-303-1133-3 93300

* 파본은 구입하신 곳에서 교환해 드립니다. 본서의 무단복제행위를 금합니다.
* 저자와 협의하여 인지첩부를 생략합니다.

정 가   14,000원